本书为2016教育部人文社科青年项目"媒介融合背景下的新闻研究"(编号:16YJC860013)成果之一

媒介融合背景下的数据新闻生产研究

孟 笛 著

上海大学出版社
·上海·

图书在版编目(CIP)数据

媒介融合背景下的数据新闻生产研究/孟笛著.—上海:上海大学出版社,2018.10
 ISBN 978-7-5671-3272-6

Ⅰ.①媒… Ⅱ.①孟… Ⅲ.①数据处理-应用-新闻学-研究 Ⅳ.①G210.7

中国版本图书馆 CIP 数据核字(2018)第 231046 号

特邀编辑 石 婧
责任编辑 邹西礼
封面设计 柯国富
技术编辑 金 鑫 钱宇坤

媒介融合背景下的数据新闻生产研究

孟 笛 著

上海大学出版社出版发行
(上海市上大路 99 号 邮政编码 200444)
(http://www.shupress.cn 发行热线 021-66135112)
出版人 戴骏豪

*

南京展望文化发展有限公司排版
上海华教印务有限公司印刷 各地新华书店经销
开本 890mm×1240mm 1/32 印张 8.5 字数 198 千
2018 年 10 月第 1 版 2018 年 10 月第 1 次印刷
ISBN 978-7-5671-3272-6/G·2794 定价 38.00 元

目　录

绪　论　1

第一章　媒介融合背景下的数据新闻生产　8

第一节　大数据时代的新闻业 / 9
第二节　媒介融合背景下的数据新闻 / 28

第二章　生产流程视角下的海外数据新闻模式创新　47

第一节　生产流程视角下的数据新闻 / 48
第二节　海外数据新闻生产模式创新 / 71

第三章　数据新闻生产特征及叙事模式实证研究　93

第一节　全球数据新闻生产的基本特征与变化趋势 / 94
第二节　数据新闻的叙事模式研究 / 109
第三节　全球数据新闻未来发展趋势 / 137

第四章　国内数据新闻发展的现状及启示　　150

第一节　国内数据新闻的发展现状及特征 / 150

第二节　我国"两会"数据新闻报道研究 / 167

第三节　上海财经数据新闻发展策略研究 / 179

第五章　新技术环境下的数字化新闻发展前沿　　192

第一节　自动化新闻 / 193

第二节　定制化新闻 / 205

第三节　交互式新闻 / 218

第六章　数据新闻素养建构与人才培养　　231

第一节　数据新闻素养建构 / 231

第二节　我国数据新闻人才培养模式 / 242

第三节　数据新闻人才培养的"哥大"经验 / 251

绪 论

一、研究思路

2010年"互联网之父"蒂姆·伯纳斯-李(Tim Berners-Lee)宣称,"分析数据将成为未来新闻的特征",此后"数据新闻"开始进入公众视野。过去几年,全球范围的数据新闻热引领了新闻生产方式的革新。本书力图将数据新闻研究纳入两个重要的背景之下:一是量化新闻学的传统脉络,以此为新兴的数据新闻研究在新闻学版图上找到位置;二是媒介融合发展的时代背景,数据新闻契合了融合新闻报道的基本要求,因而本研究将数据新闻生产视为媒介融合转型的"突破口"。

本书从生产流程的视角切入,在具体分析"数据采集—数据清理—数据分析"各个环节的基础上,提出将"新闻叙事"的理念重新融入"数据处理"的流程之中,通过"数据"与"叙事"的不断整合,共同完成数据新闻报道。研究通过对西方媒体典型案例的剖析,归纳出海外数据新闻媒体创新的两种路径:一是"以故事诠释数据"的《纽约时报》模式;二是"用数据驱动故事"的彭博新闻模式。在此基础之上,本研究对近6年获得"全球数据新闻奖"提名的400余部作品建立数据库,以期管窥全球数据新闻业发展的基本特征和未来趋势,并聚焦"数据可视化叙事"这一基础维度,总结"数据"

参与"叙事"的基本模式。

海外数据新闻业务的快速发展为我国传媒业转型带来了活力和憧憬,国内数据新闻的兴起与海外数据新闻的发展几乎是同步的。本书遵循从宏观到微观、从总体到个体的基本原则,从梳理国内3种不同类型媒体的数据新闻实践入手,进而关注具有中国特色的"两会"数据新闻报道,最后对上海财经媒体数据新闻栏目进行了重点考察,结合海外经验对国内财经新媒体转型提出策略性应对方案。

本书在数据新闻研究的基础上进行拓展,关注大数据结合算法技术带来的媒体创新。在人工智能崛起的时代,新闻生产与传播模式将被重塑。人工智能对新闻媒体的影响可以分为两个层面:一是新闻生产层面,"数据新闻"和"自动化新闻"出现;二是信息分发层面,"定制化新闻"和"交互式新闻"受到欢迎。这些新型新闻生产与传播方式,从崭露头角到快速增长,代表了未来新闻业发展的前沿趋势,也伴随着一系列新技术带来的新闻法规与伦理问题,值得业界与学界共同探索。

特别值得关注的是,以数据新闻为代表的新型新闻业务的快速发展,对新闻从业人员的职业素养提出了新的要求。本书梳理了国内数据新闻人才培养的4种典型模式,并分析了当下我国数据新闻教育存在的普遍问题。在此基础上,以哥伦比亚大学新闻学院的数据新闻教育为标杆,归纳出一套数据新闻教育模式的范本,以期为我国未来新闻人才培养提供经验(图1)。

二、研究方法

(一) 文献综述法(Literature Review)

梳理量化新闻学发展脉络,总结数据新闻与精确新闻、计算机

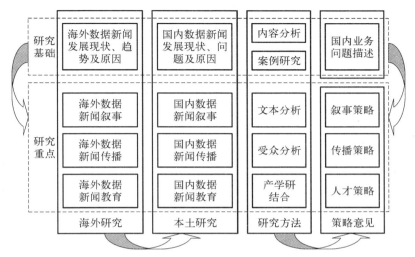

图 1　媒介融合背景下的数据新闻生产研究思路

辅助报道的联系与区别。梳理媒介融合的内涵与外延,找到数据新闻与融合新闻报道的契合点。梳理新闻叙事学的理论,为总结数据新闻叙事模式提供依据。梳理有关人工智能新闻的国际前沿研究,为国内新闻业务转型发展提供指导方向。

(二)内容分析法(Content Analysis)

对 2012 年至 2017 年获得"全球数据新闻奖"(Global Editors Network Data Journalism Award)提名的 413 部优秀作品建立数据库,开展实证研究。首先梳理历届数据新闻奖评选的基础维度,然后从生产主体属性、地域分布、报道主题等方面进行归纳,总结全球数据新闻发展的基本特征与未来趋势。

(三)文本分析法(Textual Analysis)

重点关注"数据新闻叙事"维度,对历年获得全球数据新闻奖"数据可视化叙事"类奖项的作品进行深入的文本分析,归纳"数据呈现"是如何参与或作为"新闻叙事"的，总结出数据新闻叙事的4组基本模式。

（四）案例研究法（Case Study）

对国内外有代表性的数据新闻生产团队进行深入考察，如《纽约时报》the Upshot、彭博新闻社、财新数据可视化实验室、DT财经数据团队等，通过资料整理、田野调查、参与式观察、深度访谈等方式，从社会语境、媒介生态、团队组织、生产流程等方面总结以发展数据新闻为"突破口"的媒介融合转型模式。

三、主要章节

第一章，《媒介融合背景下的数据新闻生产》。本章首先对数据新闻的基本概念、发展历程、历史沿革进行梳理，为新兴的数据新闻研究在新闻学发展版图上找到位置。其次，梳理媒介融合的内涵与外延，提出将数据新闻作为融合新闻报道的一种方式，将发展数据新闻作为媒介融合转型的切入点。最后，从编辑业务、思维模式、呈现方式、传播策略四个方面梳理数据新闻融合报道的新要求，结合对财新数据可视化实验室生产团队的具体解析，提出生产流程视角下的数据新闻生产能力重构。

第二章，《生产流程视角下的海外数据新闻模式创新》。本章从数据新闻生产流程视角切入，在具体分析各个生产环节的基础上，推导出"数据处理＋新闻叙事→数据新闻"的架构。通过对海外媒体典型案例进行解析，提出"数据处理"和"新闻叙事"作为数据新闻不可或缺的两大要素，相互结合可以产生"1＋1＞2"的效果。通过海外媒体典型案例分析，总结出海外数据新闻模式创新的两种典型路径：一是"以故事诠释数据"的《纽约时报》模式；二是"用数据驱动故事"的彭博新闻模式。

第三章,《数据新闻生产特征及叙事模式实证研究》。本章对2012年至2017年获得"全球数据新闻奖"提名的413部作品建立数据库,开展实证研究。研究试图以数据新闻领域最早的专业奖项作为切入点,管窥全球数据新闻业发展的基本特征,梳理历届数据新闻奖评选的基础维度和发展趋势。同时进一步关注"数据可视化叙事"这一基础维度,对获奖作品进行深入分析,提出将"讲故事"的理念融入数据新闻生产当中,发展以"数据处理"为核心、以"新闻叙事"为主线的融合新闻报道。本章通过量化与质化相结合的研究,总结出数据呈现参与新闻叙事的4组基本模式——线性模式与延伸模式、利基模式与类比模式、组合模式与网状模式、交互模式与动画模式。最后,本章结合最新的相关国际会议,从前沿科技融合、主题与形式创新、生产方式变革等3个方面分析了国际数据新闻发展的前沿动态,总结了全球数据新闻发展的未来趋势。

第四章,《国内数据新闻发展的现状及启示》。本章关注国内数据新闻的发展现状、独特属性、存在问题及应对策略。研究遵循从宏观到微观、从总体到个体的基本原则,首先梳理了国内传统媒体、新兴媒体、专业媒体这3种不同类型媒体的数据新闻实践。在此基础上,以具有中国特色的"两会"数据新闻报道为切入点,基于内容分析总结了7家不同媒体数据新闻报道的新特征及存在问题。最后,聚焦上海本土财经媒体发展策略。上海作为全球知名的金融城市,深耕细分市场、走专业财经媒体道路是主流媒体改革创新的重要思路之一。本章通过个案研究,勾勒出"DT财经"的独特定位、发展现状及启示,并对国内财经新媒体转型提出策略性应对方案。

第五章,《新技术环境下的数字化新闻发展前沿》。随着科技发展,媒体创新层出不穷,以大数据为基础融合其他新技术,带来了新闻发展模式的创新,这代表了新闻业发展的前沿趋势。这种创新体现在两个层面:一是新闻生产层面,海量的大数据带动了"数据新闻"的发展,与此同时,算法技术带来了"自动化新闻"发展;二是新闻分发层面,出现了按照用户需求推送信息的"定制化新闻",以及基于数据库和游戏体验的"交互式新闻"。本章关注新型新闻生产与传播方式带来的行业变化和伦理困境。

第六章,《数据新闻素养建构与人才培养》。数据新闻的快速崛起引发了新闻业务的一系列改变——从重构新闻生产流程到新闻编辑室重组,再到新闻从业者职能和角色的转变。大数据技术对新闻从业者的职业素养提出了新的要求,数据新闻从业者应当同时具备新闻素养、数据素养和职业素养。在此基础上,本研究考察了国内最具代表性的4种数据新闻人才培养模式——"人大"模式、"中传"模式、"港大"模式、工作坊模式,并分析了当前国内数据新闻人才培养存在的问题。最后以哥伦比亚大学新闻学院的数据新闻教育为标杆,探讨其教学改革的动因、路径和模式,以期为我国数据新闻人才培养提供经验。

四、研究创新

第一,开展全球数据新闻生产的实证研究。最近几年,数据新闻业务迅速崛起,数据新闻研究也因而火热一时,然而当前国内的数据新闻研究大多停留在描述性层面:既缺乏客观、深入的实证研究,也缺乏完整、系统的理论体系。本研究的重点之一是海外数据新闻生产的实证研究,一方面对全球优秀数据新闻作品建立数据库,进行量化与质化相结合的实证分析;另一方面梳理西方量化新闻学的理论脉络,从数据新闻的历史演变、生产流程、发展现状、人才培养等方面,搭建较为完整的数据新闻研究理论框架。

第二,探索我国数据新闻发展的本土化策略。媒介融合所形成的传播平台多元化、复合化,为数据新闻发展奠定了基础。同时,发展数据新闻也成为传统媒体在媒介融合背景下的创新策略之一。本研究在梳理欧美传统媒体发展数据新闻的团队组织、生产流程、作品特征的基础上,从宏观到微观层面深入考察数据新闻对我国传媒业的影响及其发展潜力。通过对媒体的深入调研,探索我国传媒业借助大数据技术,在数据挖掘、新闻应用、专业服务和跨界生产等方面如何完善数据新闻的生产模式和实现本土化的发展路径。

第三,探索适应现状的数据新闻人才培养方案。随着数据新闻在国内业界的不断拓展,传媒行业人才需求的变化与新闻传播教育的传统模式出现不相适应的现象。本研究通过对比分析国内外数据新闻教育的现状和教学模式,考察中外数据新闻教育改革的主要类型、典型案例、经验问题等,围绕着教育资源配置、专业调整、课程设置、实践教学等核心环节,探索适合我国新闻教育和传媒实践特点的数据新闻人才培养模式。

第四,关注新技术环境下的数字化新闻发展前沿。本书以"数据新闻"研究为题,但并不局限于此,而是从数据新闻研究拓展开去,探索"大数据+算法"对数字化新闻生产与传播模式带来的重塑。以大数据为基础融合算法的人工智能技术,引发了新闻业务模式的创新,"自动化新闻""定制化新闻""交互式新闻"代表了新闻业未来发展的趋势。作为新生事物,这些新技术相互融合、相互影响,发展迅速,但其使用规则、技术标准尚待规范,实践中难免会引发难以预料的法律与伦理问题等。因此,新技术在当前数字化新闻生产中的应用情况和未来发展值得业界和学界共同关注。

第一章
媒介融合背景下的数据新闻生产

近年来发端于西方的数据新闻热引领了全球范围内新闻生产方式的革新。本章在梳理数据新闻基本概念、发展进程、历史沿革的基础上,将数据新闻学纳入量化新闻学的传统脉络,为新兴的数据新闻研究在新闻学发展版图上找到位置。与此同时,研究将数据新闻业务置于媒介融合发展的时代背景之下,指出数据新闻契合了融合新闻报道的要求。如果说融合新闻是媒介融合的有机组成部分,那么数据新闻则是融合新闻的一种具体路径。因此研究将数据新闻生产视为媒介融合转型的"突破口",关注大数据时代的融合新闻报道,探索数据新闻这一新型新闻生产方式在国内外的发展现状、存在问题及应对策略。

本章从编辑理念、思维模式、呈现方式、传播策略 4 个方面总结出媒介融合背景下数据新闻生产的新要求。在此基础上结合对财新数据可视化实验室生产流程的具体分析,指出数据新闻生产团队应当兼备新闻专业素养、数据技术基础、图形设计能力、团队协作能力和网络传播能力,在媒介融合背景下重构数据新闻生产能力。

第一节 大数据时代的新闻业

一、数据新闻的概念、特征与价值

（一）数据新闻的概念

2010年,"互联网之父"蒂姆·伯纳斯-李(Tim Berners-Lee)宣称"分析数据将成为未来新闻的特征"。这一表述被广泛转载,标志着"数据新闻"开始进入公众视野。由欧洲新闻学中心(European Journalism Centre)和开放知识基金会(Open Knowledge Foundation)共同编写的《数据新闻手册》(*Data Journalism Handbook*)最早将数据新闻笼统定义为"用数据做新闻"。[①]

2010年8月,在阿姆斯特丹召开的第一届国际数据新闻会议上,"德国之声"著名记者米尔科·劳伦兹(Mirko Lorenz)从生产流程角度定义了数据新闻——"数据驱动新闻是一种新闻流程,主要包括抓取、筛选和重组,过滤掉无用信息,并通过可视化方式呈现新闻故事"。[②]

2012年,第三届中国传媒领袖大讲堂上,香港城市大学祝建华教授从生产工具的角度出发,认为"数据驱动新闻是用来分析和过滤海量新闻数据的工具,它通过对数据进行整合,从而挖掘新

[①] Gray J, Chambers L, Bounegru L. The Data Journalism Handbook: How Journalism Can Use Data to Improve the News[M]. Sebastopol, CA, USA: O'Reilly Media, Inc., 2012.

[②] Mirko Lorenz. Status and Outlook for Data Driven Journalism, Conference of Data-driven Journalism Amsterdam Round Table, the Netherlands: 2010.

闻。数据驱动新闻中所用数据是公开的,所用工具资源是共享的,旨在把事件发生背后的趋势和意义以融合的方式完整呈现给受众"。①

2013年,中国传媒大学文卫华教授从新闻呈现方式的角度,对数据新闻做出了阐释:"具体而言,数据新闻在形式上以图表、数据为主,辅之以必要的少量文字;在实际操作中,记者主要通过数据统计、数据分析、数据挖掘等技术手段或是从海量数据中发现新闻线索,或是抓取大量数据拓展既有新闻主题的广度与深度,最后依靠可视化技术将过滤后的数据进行融合,以形象化、艺术化的方式加以呈现,致力于为读者提供客观、系统的报道以及良好的阅读体验。"②

2015年,中国人民大学方洁老师对数据新闻的相关理论进行了系统梳理,从新闻学发展的角度,提出"数据新闻是在大数据时代新闻学发展形成的新领域,它代表未来新闻业发展的一个大方向",其内涵是"基于数据的抓取、挖掘、统计、分析和可视化呈现的新型新闻报道方式",其基本特征包括"以服务公众利益为目的,依靠特殊的软件程序对数据进行处理,开掘隐藏于宏观、抽象数据背后的新闻故事;以形象、互动的可视化方式呈现新闻"。③

综上所述,数据新闻脱胎于传统新闻报道,它以数据处理为基础,以可视化呈现为特征,以开源精神为依托,是大数据时代发展形成的新型新闻生产与传播范式。

---

① 祝建华. 什么是"数据驱动新闻"[EB/OL]. [2018-2-1]. http://media.people.com.cn/n/2012/0718/c120837-18543914.html.
② 文卫华,李冰.大数据时代的数据新闻报道:以英国《卫报》为例[J].现代传播,2013(5):139.
③ 方洁,颜东.全球视野下的"数据新闻":理念与实践[J].国际新闻界,2015(11):105-124.

（二）数据新闻的特征

1. 从生产流程角度的分析

中外学者从不同视角对数据新闻进行了不同角度的定义，下文从生产流程角度阐释数据新闻区别于传统新闻的重要特征。

第一，数据新闻通过解读数据发现新闻价值。不同于传统新闻的采编模式，数据新闻通过采集、清理、分析数据，发现隐藏在数据背后的新闻价值，完成媒体对新闻事件的报道。通过在数据与个人生活及工作之间构建关联性，阐释新闻事件对个人的影响。例如对一些公共政策实施或修订的报道，通过分析数据变化揭示其内涵，让受众在新闻报道中找到属于自己的故事。

第二，数据新闻生产离不开"开源共享"理念的贡献。"开源"（open source）理念提倡摒弃版权壁垒，开放程序源代码，并允许对代码进行修订与完善。优秀的新闻媒体一方面擅于利用体量庞大、来源多样的大数据进行新闻生产，另一方面也乐于共享数据和代码。例如《纽约时报》《卫报》等财力雄厚的大型专业团队通过共享程序源代码，为其他媒体或个人开发数据新闻提供了巨大帮助。在数据新闻领域，开源文化贡献卓越，开源软件成为可视化应用程序的主流。

第三，数据新闻报道以可视化呈现为重要特征。传统新闻中，文字是新闻报道的载体，即便有图片和数字，也主要起辅助叙事的作用。在数据新闻中，图像的叙事功能被重新发掘并放大到主体地位。可视化呈现依据视觉原理把复杂的信息形象化，使其易于被快速识别和记忆。可视化新闻将图像叙事和传统的话语叙事结合起来，优化了新闻叙事方式。值得注意的是，可视化呈现的目的是传达信息，因此数据可视化的功能性始终是第一位的，美观性是第二位的。可视化呈现的价值在于更好地引导受众在数据中找到相关信息，发现新闻价值。

第四,数据新闻生产需要团队合作。传统新闻的采编人员、排版人员、印刷人员分别处于生产线的上、中、下游,很少有直接交流。然而,数据新闻报道往往需要团队作业,数据记者/编辑、技术人员、设计人员角色清晰、分工明确,密切配合、环环相扣完成项目。因而数据新闻生产中团队意识与协作精神显得尤为重要,数据记者需要熟悉数据处理和图形设计的基本技术和专业术语,与团队其他成员进行有效对话和沟通。

2. 从 5 个 W 角度的分析

传统新闻的基本要素 5 个 W,即 Who、What、When、Where 和 Why,对新闻生产具有重要的指导意义。数据新闻作为大数据基础上的新型新闻生产方式,同样可以从 5 个 W 的角度进行基本要素分析。

首先,Who,在数据新闻领域,代表数据来源,是新闻生产最重要的环节。本质上,数据来源的可靠度越高,新闻报道准确性就越高;数据来源的可靠度越低,新闻报道的准确性也就越低。对于数据新闻而言,信息透明度至关重要。如果读者能够看到可信的数据来源,媒体报道的公信力就会增加。

世界范围内的政府开放数据运动以及信息公开立法,允许记者从政府大数据中发现新闻线索,这为数据新闻发展提供了土壤。《卫报》前数据新闻栏目主编西蒙·罗杰斯(Simon Rogers)指出,政府建设了数据公开平台,不代表媒体就能自动获取信息。新闻记者在获取数据之后,还需要进行交叉认证,测试数据的准确度,并与其他数据集进行匹配,从而发现新的线索。①

---

① Simon Rogers. How to Turn Numbers into Stories, Doing Journalism with Data: First Steps, Skills and Tools[EB/OL]. [2018-2-1]. https://learno.net/courses/doing-journalism-with-data-first-steps-skills-and-tools.

其次，What，即媒体想要表达的内容。对大数据进行统计分析原来属于专业领域的工作，然而在数据新闻领域，数据记者并不是数据专家，数据统计和数据呈现的对象也不是专业人士，而是普通公众。这就要求数据记者应该能够清晰明了地讲述数据背后的新闻故事。数据新闻真正的价值在于将原来面向专业人士的大数据，转变为可以为大众理解的新闻故事。

获得2013年数据新闻奖的作品《艺术品市场的傻瓜》(the Art Market For Dummies)，将多种来源的数据进行整合，完成了一个精彩的新闻故事。生产团队从艺术品数据库 Artprice 获取数据，并将其进行格式化处理。然后将艺术品行业的术语和行话转化为公众能够理解的语言，并为之提供相应的背景资料。通过使用一系列开源程序，作者将艺术品市场的行业数据转化为可视化图形传递给普通大众。数据新闻记者的价值就在于充当公众与大数据之间的桥梁，为公众讲述听得懂的故事。

第三，When，在数据新闻中指数据发布的时间。一般情况下，媒体能够拿到的官方数据多是一年之前的。而时效性对于新闻的重要程度不言而喻，同样数据新闻也越来越看重实时数据。近年来，随着技术进步出现的传感器新闻，就是通过传感装置完成数据的实时采集和上传，并以之为基础挖掘新闻线索。纽约公共电台（WNYC）关于美国东岸蝉的生长情况的报道，就是鼓励读者建立非常廉价的传感装置，并且教给他们记录和上传数据的操作方法。这种传感器新闻通过众包的方式，借助传感装置，完成数据的实时采集，从而挖掘数据背后的新闻故事。

第四，Where，将大数据与地理位置联系起来，是数据新闻生产的重要议题。数据新闻的一个重要功能就在于把不同的数据集进行交叉匹配，从而形成一个新的故事，而地理位置信息是最为常见的数据集之一。《卫报》有一则关于美国公民持枪比例与枪杀事件相关性的报道。数据地图反映了美国不同地区的持枪率和枪杀率,并将其与地理位置信息结合起来,在地图上更容易发现两者之间的相关性。数据新闻将大数据与地理位置信息结合起来,可以发现重要的新闻线索及其背后的社会价值。

最后,Why,也就是因果分析。实际上,深层次的因果分析是数据新闻最不擅长的。数据新闻擅长的是报道发生了什么,但不擅长分析其中的因果联系。数据新闻特别是数据可视化,擅长于描述性议题,比如一个事物的大小、比例、上升或是下降,但是比较难以进行深入的原因分析。因此,数据新闻常常需要与其他领域的专家合作,在描述现状的基础上,由专业人员补充分析其背后蕴藏的社会原因。

(三) 数据新闻的价值

通过梳理数据新闻的概念和特征,可以看出数据新闻报道的价值就在于挖掘数据背后的关联和意义,发现蕴藏在数据之中的新闻价值。数据新闻生产的过程就是不断清理、提炼信息,把庞杂的数据转化为清晰易懂的视觉图像,帮助受众从中获取有用信息。当新闻记者、新闻编辑将传统的"新闻嗅觉"以及讲述扣人心弦的故事的能力与大规模的数据信息结合在一起,新闻报道能够呈现出更多新的可能。

首先,通过数据挖掘可以在常规选题中发现新颖视角。例如中央电视台新闻频道2016年《"据"说春运》栏目通过分析手机用户的地理位置信息,独家解读了中国人"逆向迁徙过年"的新现象。

其次,运用交互式信息图表可以更为轻松直观地呈现复杂的新闻故事。财新网的数据可视化报道《周永康的人与财》,通过一组互动图表展现了周案中错综复杂的人物关系和纵横交错的利益链条,仅凭一张交互图形交代了上万字的文字背景。

第三,通过编写数据应用程序能够实现定制化传播,满足用户个人化的信息需求。《纽约时报》关于美国人住房选择的应用程序"房价计算器",可以无需考虑交易税费、房屋维护等复杂运算,只要在程序中输入定居城市、房租及售价等基本信息,便能帮助用户快速做出判断。

总体而言,大数据的运用为新闻报道提供了新思路;以数据挖掘和分析为支撑的专业化报道能够触及以往传统媒体无法完成的选题;以数据可视化呈现为基础的融合新闻报道成为传统新闻媒体数字化转型的切入点。

值得注意的是,数据新闻是用数据讲述新闻故事,但是它的本质仍然是讲好故事,其中涉及数据的计算、图表、编程都是讲故事的手段。归根结底,数据呈现应该为新闻叙事服务。曾经担任《华盛顿邮报》数字媒体创新编辑的劳伦·基恩(Lauren Keane)也持同样的观点:"虽然你需要很多新技能,但从讲故事的角度出发,不能只从技术的角度看问题,否则它就只是信息。"

数据新闻的生产应当坚守新闻本位,它是数据驱动的新闻生产(Data-driven journalistic production),更应当被视为一种"叙述驱动的数据分析"(Narrative-driven data analysis)。孤立的数据是没有意义的,记者在海量数据中探寻具有新闻价值的信息,发掘数据之间隐含的关联性,进而叙述与数据相关的新闻当事人的故事,这才是数据新闻生产真正的目的和价值所在。①

---

① 王强."数据驱动"与"叙述驱动":数据新闻生产的双重动力[J].编辑之友,2015(3):80-84.

二、数据新闻的发展历程

（一）数据新闻在西方的兴起

当前大数据在经济、商业、市场营销等领域的应用引人瞩目，在公共管理、医疗卫生、IT等行业也发展得如火如荼，同样大数据对新闻行业的影响也不容忽视。大数据时代的新闻业，无论传统报业、广播电视、网络媒体，都把探索数据应用纳入自己的发展方向。发展数据新闻是全球新闻业应对大数据时代变革的重要举措，是未来新闻业发展的方向之一。

数据新闻在西方兴起有诸多原因，以下两点需要重点说明。

第一，数据开放。全球范围内的政府开放数据运动，将数以万计的数据公开出来。数据的规模如此之大，以致普通人无力解读探析。此时，新闻记者的职能就在于处理和分析这些庞杂的数据并将其呈现给公众。由于在西方，记者可以依照司法程序要求政府信息公开，因而媒体获得海量的政府未公开文件，再对其进行分析，发现新闻线索。与此同时，媒体公信力下降是不容争辩的现实，如果媒体能够抓住机遇，提高新闻透明度，就如《卫报》数据博客那样，公布新闻报道背后的原始数据，将对提高媒体公信力大有裨益。

第二，工具革新。过去只有统计学家才具备数据分析的专业能力，而现在普通人也可以通过 Excel、Google refine、Google Spreadsheets 等软件实现数据统计，通过 Google Fusion、Data Wrapper 等开源软件完成数据清理，通过 Tableau、D3 等软件进行数据可视化呈现。这些程序改变了新闻生产的版图，工具的革新打开了新闻生产新的篇章。

数据新闻发端于西方主流报业的改革实践之中。21世纪初，西方媒体开始比较系统地推行数据新闻报道。美国的《纽约时报》和英国的《卫报》堪称行业发展的两大先锋。早在2007年,《纽约时报》就建立了记者加程序员的团队,该团队交叉于技术和采编部门之间,探索新的在线报道形式。团队为总统选举、奥运会等重大新闻事件制作了大量动态、交互的信息图表,每一张图表都以数据作为支撑。① 后来,《纽约时报》网站为此专门在"多媒体频道"板块下开辟了"互动频道",汇总此类报道。同年8月,"互动新闻技术部"(Interactive News Technologies Department)正式成立,阿伦·皮霍福尔(Aron Pilhofer)为部门负责人。2013年11月,《纽约时报》开始在华盛顿特区建设专门的数据新闻团队,作为连接大数据和调查性报道的纽带,在挖掘、分析大数据的基础上,对经济、政治、教育、体育等领域的新闻事件做出深度解读。2014年4月,《纽约时报》正式成立了主打数据新闻的专业平台"The Upshot",整合新闻采编人员、数据分析专家以及可视化制作团队,从数据挖掘、建模分析到可视化呈现,均由"The Upshot"平台独立运营,极大提高了团队对数据新闻报道的驾驭能力。《纽约时报》在大数据基础上结合自身老牌专业媒体优势,善于运用全媒体、交互式的叙事方式进行融合新闻报道。

与之相比,英国《卫报》更加清晰地采用了"数据新闻"的概念,并对这一理念大力推广。早在2006年6月,《卫报》就宣布了"网络优先"的报道策略,随后又将其调整为"数字优先",以适应移动网络等数字平台的冲击。2009年,《卫报》网站创办数据博客(Data Blog),被视为数据新闻发展的里程碑。这个设立于《卫报》网站的独特栏目从2009年1月14日上线至2013年5月期间,共

---

① 徐涛.《纽约时报》实验[J].第一财经周刊,2013(1):16-18.

制作各类数据新闻2 500多则,涵盖政治、经济、体育、战争、灾难、环境、文化、时尚、科技、健康等不同领域。[①] 与此同时,《卫报》正式在其官网上开辟"数据商店"(Data Store)栏目,并将"Data"频道放置在网站首页。2010年《卫报》利用维基解密数据对伊拉克战争的报道,成为老牌报业开展数据新闻实践的经典作品。数据地图上的每一个红点代表一次伤亡事件,密布的红点交互式呈现后触目惊心,引起了英国朝野震动。新闻从业者富于人性的思索通过精准的数据和恰当的技术被传达出来。《卫报》数据新闻的一个鲜明特色在于,它将制作新闻所使用的数据完全公开在"数据博客"上,所有数据新闻所使用的原始数据均可以免费下载,供公众和机构用来作进一步分析。

几乎同时,《华盛顿邮报》《华尔街日报》、CNN、BBC等西方主流媒体相继投入数据新闻实践;基于数据分析的预测性新闻网站(如FiveThirtyEight.com等)也纷纷成立;商业咨询公司(如彭博集团Bloomberg)发现了基于数据做新闻的价值,逐步开展运作;独立新闻机构和工作室(如Kiln工作室)等也开始尝试数据新闻生产。

《数据新闻手册》(*Data Journal Handbook*)的面世对行业发展具有重要意义。2011年,在伦敦Mozilla大会(Mozilla Festival)上,来自全球诸多媒体的数据记者们齐聚一堂,决定写作一本数据新闻小册子介绍数据新闻实践理念和案例,并通过互联网在全球传播,这就是后来人们看到的《数据新闻手册》。该书由欧洲新闻学中心(European Journalism Centre)和开放知识基金会(Open

---

① 章戈浩.作为开放新闻的数据新闻——英国《卫报》的数据新闻实践[J].新闻记者,2016(6):7-13.

Knowledge Foundation)倡导,通过来自包括 BBC、"德国之声"、《卫报》《纽约时报》、美国在线新闻、ProPublica 等机构的数据新闻倡导者以网络协作方式编写而成,并由 O'Reilly 出版,可在"知识共享署名"(Creative Commons Attribution — Share Alike License)下在线免费阅读。该书不仅尝试解答"数据新闻是什么""为什么会出现数据新闻"的问题,还展示了各大主流媒体如何运营数据新闻的案例。《数据新闻手册》的面世意味着数据新闻已经不再是某些媒体零散的实践和尝试,这种新闻形态正在被业界广泛认可并走向全球。

西方数据新闻发展进程中另外一件意义深远的事件是"数据新闻奖"(Data Journalism Award)的设立。"数据新闻奖"由非盈利性民间组织"全球编辑网络"(Global Editors Network,GEN)主办,是全球范围内第一个专为数据新闻报道设立的奖项。截至 2017 年,全球数据新闻奖历经 6 届,已有来自 44 个国家的 413 部作品获得提名,成为全球共飨的新闻盛宴。GEN 数据新闻奖由谷歌基金赞助,经过来自平面、数字、移动等跨媒体平台的专业评审评定。评委会主席由曾任《华尔街日报》主编、后创办 ProPublica 的著名新闻人保罗·斯蒂格(Paul Steiger)担任,并由《卫报》知名数据新闻栏目主编西蒙·罗杰斯(Simon Rogers)担纲项目主管,在全球数据新闻生产领域享有权威性和专业性。

西方数据新闻实践的开展推动了新闻教育和科研的跟进。一方面,一些高校、科研院所与媒体合作为媒体收集、处理数据信息提供智力支持,共同完成规模较大的数据新闻报道。例如,2013年获得全球数据新闻奖"最佳数据应用奖"的 BBC 专题报道《社会阶层计算器》,就是通过与来自伦敦政治经济学院等多所高校的社会学家合作,通过大型社会调查获得了英国社会阶层划分的新标准。另一方面,部分高校和科研机构开设相关的研究中心,专门从事数据新闻业务的研究。2012年陶氏基金会(Tow Foundation)与奈特基金会(Knight Foundation)提供20亿美元资助哥伦比亚大学新闻学院进行数字时代新闻报道的研究,其中公共数据和新闻的透明度、数据可视化等数据新闻相关领域是其资助研究的重点。

(二)数据新闻在国内的发展

2012年9月,《新京报》正版推出《新图纸》栏目,标志着传统纸媒对数据新闻探索的开始。《新图纸》内容涉及政治、局势、财经、体育、文化、娱乐等各个方面,其特色是使用大量数据,并采用图片或电脑制图解读数据。这个版面的推出标志着《新京报》突破了以文字叙述和讲故事为主的传统报道新闻方式,让数据新闻在版面上占有一席之地。2013年8月,《新京报》网站推出电子版《图纸》栏目,专门发表数据新闻报道,同时在新浪微博还开辟了"图个明白"官方账号,发表数据信息图。随后,《人民日报》、新华社等主流传统媒体也都开始了数据新闻实践。

2013年,财新数据可视化实验室成立,取得了较高的业界关注度。财新数据团队持续推出原创的数据新闻报道,财新网的《数字说》栏目以"新闻轻松看"为口号,用数据解读和展示新闻。财新数据团队推出的《"三公"消费龙虎榜》《星空彩绘诺贝尔》《中纪委巡视风暴》等报道均在业内具有较强的影响力。2014年《青岛中石化管道爆炸》获得亚洲出版业协会(SOPA)卓越新闻奖,这是中国新闻史上第一次程序员获得新闻奖。2016年财新网获得全球数据新闻奖"最佳数据新闻网站"提名,是国内媒体最早获得国际认可的典范。

2012年8月,中央电视台推出"十八大"系列报道《数字十年》。节目紧紧围绕中国经济、社会、文化等领域的一系列具体数字，以别具一格的电视表现手段展示十年来国家取得的辉煌成就和人民生活发生的巨大变化。2014年1月，中央电视台在《晚间新闻》栏目中推出了《"据"说春运》报道，采用百度地图LBS定位的可视化大数据，首次以数据新闻的形式报道春运这场中国人的年度大迁徙。此后又陆续推出《"据"说两会》《"据"说春节》等系列，结合大数据阐释热点新闻。"据"说系列是中央电视台与包括百度、新浪、腾讯等多家互联网企业展开数据合作的作品，开启了电视新闻中令人耳目一新的叙事方式，受到了电视观众的好评。2015年，中央电视台推出"一带一路"特别报道《数说命运共同体》。《数说命运共同体》是《新闻联播》《朝闻天下》《新闻30分》《新闻直播间》等栏目联合重磅推出的全新大型数据新闻节目，挖掘了超过1亿GB的数据，通过分析发现"一带一路"沿线国家40多亿百姓休戚相关的密切联系。中央电视台的数据新闻生产不断创新，引领了电视数据新闻报道的潮流。国内的省级卫视也跃跃欲试。2016年广东广播电视台在全国广电行业率先推出第一档电视《新闻大数据》栏目，通过对不同领域、不同层面的大数据进行分析处理，开展新型电视新闻报道的尝试。

除了媒体的积极探索，一批新闻爱好者也开始了对数据新闻生产自发的尝试。国内的数据新闻爱好者们尝试将英文版《数据新闻手册》翻译成中文，并在互联网平台上免费出版。一批来自媒体和国内外高校的年轻人创建了"数据新闻中文网"（djchina.org），定期分析海内外优秀的数据新闻作品，报道数据新闻业界会议，翻译授权的学习课程及资料，组织线下的讲座培训，介绍国内外的奖学金及工作机会。

在新闻学界，数据新闻发展逐步成为热门话题，国内的学术期刊相继推出关于数据新闻的专题论文。与此同时,多所高校开设数据新闻课程。2015年中国传媒大学最早开设了数据新闻专业本科招生方向,2017年中山大学设立了首个新闻传播学领域大数据传播方向专业硕士,这些都是学界对新闻行业发展变化所作出的积极回应。

虽然由于数据开放程度差异、技术水平悬殊、媒体社会语境不同等原因,数据新闻在全球范围内的发展很不平衡,但其引领的全新的新闻生产方式和传播模式得到了业界的普遍认同。以我国媒体的数据新闻实践为例,传统的新闻采编方式被打破,记者采访不再是获取信息的唯一途径,依托数据处理和发现信息的价值显得更为重要,文字也不再是叙事的基本手段,可视化、全媒体的叙事方式被广泛接受,交互式、移动化的传播模式逐步占据主流。因此将数据新闻纳入量化新闻学的传统脉络,学习西方媒体数据新闻生产经验,发展本土特色的数据新闻实践显得尤为重要。

三、量化新闻学的传统脉络

"数据新闻"虽然是一个新生的概念,但是将数据运用于新闻报道的历史却由来已久。全球知名数据新闻记者西蒙·罗杰斯(Simon Rogers)认为,"虽然我们现在有了新的分析数据的工具,但是早期媒体记者使用数据、分析数据的动机与我们并无不同"。[①] 数据在新闻报道中被视为主角,是从"精确新闻"和"计算机辅助新闻报道"开始的,因此本研究通过将"数据新闻"纳入"量化新闻学"的传统脉络之中,力图找到数据新闻在新闻学发展版图

---

① Simon Rogers. The First Guardian Data Journalism[EB/OL]. [2018-2-1]. http://www.theguardian.com/news/datablog/2011/sep/26/data-journalism-guardian

上的位置。

（一）精确新闻

精确新闻（Precision Journalism）的概念是由美国学者菲利普·梅耶（Philip Meyer）在20世纪60年代提出的，是指在新闻实践中运用调查、实验和分析等社会科学方法，来收集资料、查证事实，从而报道新闻。其特点是用精确的数据、概念来分析新闻事件，尽可能避免主观的、人为的错误，使新闻报道更加客观、公正。① 在《精确新闻学：一个记者关于社会科学方法的介绍》(*Precision Journalism: A Reporter's Introduction to Social Science Methods*)一书中，梅耶详细叙述了精确新闻报道的调查方法、统计技术和写作要求。梅耶认为，"新闻学应该迈向科学，把握数据获取与分析的科学方法，新闻记者与科学家有着相似的社会责任"。②

精确新闻产生于20世纪60年代的美国，当时社会混乱而动荡不安，新闻业出现了集团化的趋势，少数报系控制着多数媒体，而这些报系又由金融寡头掌控，这使得宣扬新闻自由与客观报道的美国媒体经常陷入尴尬的境地。当时，"新新闻主义"盛行一时，它主张在新闻报道中运用小说的写作技巧和文学笔调。然而，"新新闻主义"在突破传统新闻束缚上显然采取了一种矫枉过正的方式，许多观念及方法违背了新闻规律。③ 时任《底特律自由报》记者的菲利普·梅耶对新新闻主义进行了深入研究后认为，将文学

---

① 肖明,丁迈.精确新闻学[M].北京：中国广播电视出版社,2002：2.
② Philip Meyer. The New Precision Journalism[M]. Indiana University Press, 1991：23.
③ 许向东.数据新闻：新闻报道新模式[M].北京：中国人民大学出版社,2017：25-40.

手法引入新闻报道,就是将新闻推向了艺术。因此,他提出了"将社会科学与行为科学研究方法,诸如问卷调查、内容分析、控制实验、田野调查等融为一体,以一种新的方式反映社会现实"。[1]

精确新闻是在当时新闻业的困境下应运而生的。1967年,底特律发生了种族骚乱,菲利普·梅耶与另外两位社会科学家采用随机抽样的方法,访问了暴乱地区的437位黑人,将所得资料录入系统进行分析,结果显示:受过大学教育与高中没毕业的人一样有可能参加骚乱;而相比南方长大的黑人,北方黑人参加骚乱的比例更高。菲利普·梅耶根据调查数据为《底特律自由报》撰写了一系列报道,有力批驳了之前盛行的关于骚乱原因的刻板成见,揭示了黑人骚乱的深层次原因,受到新闻界的广泛关注,该报道获得1968年"普利策新闻奖"的"地方新闻奖","精确新闻"也因此得名。

精确新闻的主要特征体现在采集信息方式的改变上,由传统的个人观察转向运用社会科学和行为科学的研究方法,由此来增大获取信息的信度和效度。从20世纪70年代开始,美国报业对精确新闻进行了广泛探索,许多新闻院校也将精确新闻学作为专业课程。精确新闻的兴起意味着新闻界认识到数据在新闻报道中处于非常重要乃至主导的地位,并且开始第一次大规模、系统科学地开发数据的价值。

(二)计算机辅助新闻报道

计算机辅助新闻报道(Computer-assisted Reporting, CAR),是用计算机来辅助收集和处理信息的新闻报道方式。伴随技术发

---

[1] Philip Meyer. Precision Journalism: A Reporter's Introduction to Social Science Methods[M]. Rowman & Littlefield, 2002: 2.

展,计算机辅助新闻报道经历了不同阶段：早期阶段（20世纪50—60年代），使用大型机处理政府数据，发现和调查新闻事实；第二阶段（20世纪70—80年代），以新闻报道为目的，实现对任何计算机化信息来源的处理和使用；第三阶段（20世纪90年代中期以后），利用互联网进行新闻采集、分析和制作。①

计算机辅助报道的产生与发展与社会政治环境、经济环境、技术进步有着密切的关系。20世纪上半叶，美国名噪一时的调查性报道在发展中暴露出了一些问题：过分依赖匿名信源，以及主观地解释调查结果等，使得受众对报道的信任度不断下降。为此，一些传媒经营者开始反思，并致力于探寻新的途径。从20世纪70年代开始，面临信息剧增，于是美国政府加快了政府文件电子化的步伐，将纸质文件转化为机读的磁带或磁盘。在联邦政府力推文件记录电子化的同时，各州和地方政府也开始实施计算机普及化。20世纪70年代，由于数据的分析和计算需要大型计算机，计算机辅助报道局限于少数先驱媒体的尝试。从20世纪80年代起，简单实用的微型计算机和对用户友好的软件进入市场，为计算机辅助报道提供了技术和设备条件。②

计算机辅助新闻报道的本质是一种新闻报道的辅助工具，运用计算机搜索大型数据库是调查性新闻报道必备的基本技能。在美国，计算机辅助报道是许多新闻院校的必修课，运用计算机辅助数据采集、数据处理和数据分析也是未来记者必备的素养。由于计算机在数据收集、处理中的普及化作用，当下无论精确新闻还是

---

① 卜卫.计算机辅助新闻报道：信息时代记者培训的重要课程[J].新闻与传播研究,1998(1)：11.
② 许向东.数据新闻：新闻报道新模式[M].北京：中国人民大学出版社,2017：25-40.

数据新闻都不可能脱离计算机辅助新闻报道。

（三）数据新闻与精确新闻、计算机辅助报道

从西方新闻业的发展历史来看，计算机辅助新闻报道是最早出现的概念，其次是精确新闻，然后是数据新闻。数据新闻与20世纪60年代兴起的计算机辅助新闻报道一脉相承，而20世纪70年代诞生的精确新闻学进一步使数据支撑新闻报道的理念与方法逐步为新闻学界和业界接纳。① 因此，本研究认为应将"数据新闻"作为对"计算机辅助新闻报道"方式的传承，同时也是对"精确新闻"报道理念的发扬光大，纳入西方"量化新闻学"发展的历史脉络。

精确新闻报道是科学的新闻学，它最早提出采用社会科学的研究方法来报道新闻。精确新闻报道的本质是关于如何处理数据资料。这个问题可以分为两个阶段：输入阶段，即资料搜集和分析阶段；输出阶段，即资料准备呈献给读者的阶段。对资料的处理主要包括了搜集、储存、检索、分析、简化和传播等环节。② 在这些环节中，实际上数据是主要的资料形态，学会合理使用数据，掌握一定的数据分析技巧成为精确新闻报道的基础。

计算机辅助报道是为了满足新闻报道在收集、整理和分析数据上的需求应运而生的。与其他报道方式相比，计算机辅助报道最显著的特点是对数据库的使用，即通过对数据库的分析，发现线索，寻找报道角度，核实数据等。此外还通过运用电子邮件、虚拟

---

① Mirko Lorenz. Status and Outlook for Data Driven Journalism[EB/OL]. [2018-2-1]. http://mediapusher.eu/datadrivejournalism/pdf/ddj_paper_final.pdf.

② 迈耶. 精确新闻报道：记者应该掌握的社会科学研究方法[M]. 肖明，译. 北京：中国人民大学出版社，2015：7-8.

社区等实现新闻信息的采集。计算机辅助报道在当今各种形式的新闻报道中仍在发挥重要作用。

在大数据时代,数据的收集、整理和呈现方式日渐丰富。作为精确新闻的进一步延伸,数据新闻使新闻生产过程更加精细化,它对新闻工作者的技能要求除了传统的文字写作、音视频制作之外,还包括社会科学研究方法,计算机数据抓取、处理、可视化,平面/交互设计,计算机编程等多个领域的了解。① 另外,数据新闻更重视对互联网的运用,通过各种技术手段和应用软件,实现了数据的多次开发和利用,使新闻产品更好地满足各类发布平台的需求。

必须注意的是,数据新闻不等同于精确新闻。首先,时代背景不同,"数据"的概念发生了本质变化。当今数据新闻中无论数据的规模,还是人们认识数据、获取数据、呈现数据的手段都有了质的飞跃。其次,随着网络技术发展、网络社区形成,开源文化盛行,数据新闻知识生产的模式发生了根本变化。如果说精确新闻是从媒体专业主义角度出发,利用社会科学研究方法获取数据,提高新闻报道的准确性客观性,那么数据新闻则更多是从多元角度出发,挖掘数据并呈现数据。数据新闻的数据来源可以由媒体调查获取,也可以是政府、其他机构公开发布,甚至可以由"众包"方式获取。因此,受众在数据新闻生产中的地位也发生了改变,从被动接受的消费者(consumer)变成了主动获取、参与生产的产消者(prosumer)。最后,从影响范围来看,精确新闻的理论与实践集中在美国,影响范围有限,而数据新闻的概念已经被全球新闻业普遍接纳,影响范围更为广泛。

当然,数据新闻也不等同于计算机辅助新闻报道。计算辅助

---

① 郭晓科.大数据[M].北京:清华大学出版社,2013:30.

新闻报道更偏向于一种辅助工具,强调的是一种方法和运用,它并不是独立存在的新闻报道方式,它与数据新闻是一个完全不同范畴的概念。从这个角度来看,数据新闻代表着一种新闻发展的形态,其概念的内涵和外延比计算机辅助新闻报道更加广阔。

与此同时,精确新闻、计算机辅助报道与数据新闻有一定的联系,三者是一脉相承的,都是把科学方法、科学客观性和科学思维应用于新闻事件,并且三者都很注重加工和处理数据信息,只是在数据处理的深入程度、数据与新闻的结合程度等方面有所不同,进而形成了多样化的新闻报道方式。因此本研究认为将数据新闻纳入量化新闻学的传统脉络,有助于为新兴的数据新闻研究在新闻学发展版图上找到位置。

第二节　媒介融合背景下的数据新闻

一、媒介融合的内涵与外延

数据新闻作为新型新闻生产方式,与媒介融合有着紧密联系。首先,数据新闻诞生于媒介融合发展的时代大背景之下。数据新闻报道擅长以丰富的全媒体语言讲述新闻故事,同时注重整合多媒体平台进行交互式传播[①]。其次,数据新闻的叙事方式与传播模式都契合了媒介融合报道的特征,许多传统媒体将发展数据新闻业务作为媒介融合转型的"突破口"。因此本研究将数据新闻置

---

① 孟笛.美国数据新闻发展的开放与变革[J].编辑之友,2016(2),100-104.

于媒介融合发展的时代背景之下,从应用新闻学角度关注大数据基础上融合新闻报道的新要求。本研究首先对媒介融合概念的内涵与外延做出梳理与界定。

媒介融合(Media Convergence)的概念最早由美国学者普尔(Ithiel De Sola Pool)提出,用来泛指各种媒体呈现出的多功能一体化的现象①。广义上的媒介融合是指随着数字技术发展,媒介彼此之间的界限逐步消解,新闻传播业务走向融合的状态②。美国西北大学里奇·戈登教授(Rich Gordon)将新闻传播学视角下的"融合"阐释为六个层面的含义(图1-1):媒体科技融合(Convergence in Media Technology);媒体所有权融合(Convergence of Ownership);媒体战术性联合(Convergence of Media Tactics);媒体结构组织融合(Structural Convergence in Media Organization);媒体获取信息融合(Convergence of Information Gathering)和媒体报道方式融合(Convergence of News Storytelling)③。这里所说的新闻报道的融合即融合新闻(Multimedia Stories),是指在媒介融合背景下产生的一类新闻报

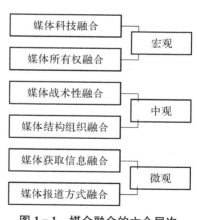

图1-1 媒介融合的六个层次

---

① 方洁.美国融合新闻的内容与形态特征研究[J].国际新闻界,2011(5):28-34.

② 亨利·詹金斯.融合文化:新媒体和旧媒体的冲突地带[M].杜永明,译.北京:商务印书馆,2012:40.

③ Rich Gordon. Convergence Defined[EB/OL]. http://www.ojr.org/ojr/business/1068686368.php.

道方式。

媒介融合是一个大的概念,而融合新闻是一个相对小的概念,媒介融合包含着融合新闻[1]。融合新闻是从应用新闻学的角度对媒介融合问题展开的研究,主要关注新闻采编、叙事、呈现的问题。当前学术领域无论从宏观层面探讨媒介融合的战略框架,亦或从中观层面探索媒介融合的组织结构,都已成果颇丰,而对于融合新闻这一基于业务层次的微观研究则显得相对薄弱(图1-1)。

二、融合新闻与数据新闻的交集

（一）融合新闻的特征

狭义上的融合新闻是多媒体化的新闻,广义上的融合新闻则包含着细分新闻的运用与传播,它是分与合的统一体。融合新闻具有以下重要特征:

1. 多媒体呈现新闻信息

根据美国著名背包记者简·史蒂文斯(Jane Stevens)的定义:"融合新闻是文字、照片、视频段落、音频、图表和互动设置的集合体。"[2]从最明显的特征来看,融合新闻是多媒体化的新闻,是充分而又灵活地运用多媒介元素加以报道的新闻。融合新闻能够把多媒体化呈现做到最大化,将所有的媒介元素都充分运用到新闻报道中。融合新闻在多媒体化呈现新闻信息方面追求极致,多媒体化呈现是融合新闻的显要特征。

多媒体化呈现新闻信息的一个重要价值表现为,融合新闻不仅仅为用户提供新闻信息,更重要的是,它还为用户提供了多媒体

---

[1] 刘冰.融合新闻[M].北京:清华大学出版社,2017:19-23.
[2] 彭天笑.融合新闻报道的理念与形态创新[J].新闻研究导刊,2016(15):81-82.

享受。融合新闻使得新闻收受过程更加轻松愉快,更加富有人性化和趣味性。融合新闻综合运用文字、图片、音频、视频以及互动设置等网络元素完成功能新闻表达,让新闻收受者可以在同一个报道产品中接触到多种形式的媒介元素,享受多媒体新闻大餐。"在内容传达上丰富多样,形象生动,打开了用户的看、听、视等多种感觉器官,调动用户立体式地浏览新闻,从而降低了用户接受新闻信息的费力程度而体现出人性化与简易化。"①

2. 媒介元素运用具有交融性

交融性是指用于呈现融合新闻的媒介元素或媒介技术有机地融合在一起,而非简单地堆砌在一起。换言之,融合新闻发生的是媒介元素或媒介技术运用的化学变化,而不是物理变化。融合新闻将文字的深度价值、音频与视频的形象亲和力、互动设置的沟通便捷等优势完美地聚合在一起。

数字新媒体为融合新闻的实现提供了技术保障,文字、图片、音频、视频、互动设置、超链接等媒介元素或媒介技术在数字新媒体平台上充分融汇,多种媒介元素地位相当,共同完成了对新闻信息的呈现。

融合也意味着使用合适的媒介元素进行合适的报道。融合不是机械地将文字、图片、音频、视频、互动设置、超链接等媒介元素一股脑用到所有的新闻报道中,而是应该根据实际情况决定到底采用哪些媒介元素。融合追求的不是媒介元素多得眼花缭乱,而是追求媒介元素运用的适宜性、新闻呈现效果的优良性。

不同于传统的线性叙事,融合新闻以非线性结构呈现在网络

---

① 詹新惠.新媒体编辑[M].北京:中国人民大学出版社,2013:28.

上,各种媒介元素呈现的内容互相补充但并不重复冗余。① 融合新闻是运用融合思维与方法,在数字技术基础上"综合而又灵活地运用文字、图片、音频、视频等多种媒介元素来报道新闻",具有"多媒体采集、统一平台加工、多媒体发布、受众互动等特点"。②

3. 注重互动、服务和用户体验

新媒体时代"受众"已经变成了"用户",他们成为与新闻工作者地位平等的收受主体甚至是创造主体,地位得到了显著提升。"受众"观念的转变促使新闻工作者必须将新闻工作看成是一项服务,融合新闻业务操作必须注重提升服务品质,让用户拥有更加满意的信息收受体验。服务品质体现在一切细节之中,应当切实考虑不同用户的身心状况和特点,改进和优化新闻信息的呈现方式。③

(二) 数据新闻与融合新闻的契合点

数据新闻诞生于媒介融合转型的时代背景之下,它与融合新闻理念存在着天然交集。数据新闻报道擅长以丰富的全媒体语言讲述新闻故事,同时注重整合多媒体平台进行交互式传播。④ 数据新闻的叙事方式与传播模式都契合了媒介融合背景下新闻报道的特点。数据新闻在数据来源、数据叙事、故事呈现3个层面契合了融合新闻报道的要求。因此许多媒体将发展数据新闻业务作为媒介融合转型的"突破口"。如果说融合新闻报道是媒介融合的有机组成

---

① Jane Stevens. Tutorial: Multimedia Storytelling: Learn the Secretes from Experts [EB/OL]. http://multimedia.journalism.berkeley.edu.tutorials/starttofinish.

② 黄成,花凯. 试论媒介融合对电视新闻采编业务的影响[J]. 电视研究,2010(3):16-19.

③ 刘冰. 融合新闻[M]. 北京:清华大学出版社,2017:19-23.

④ 孟笛. 美国数据新闻发展的开放与变革[J]. 编辑之友,2016(2):100-104.

部分,那么数据新闻便是融合新闻报道的一种具体路径(图1-2)。因而本书从新闻实务角度出发,研究大数据基础上的融合新闻报道,探索数据新闻这一新型新闻生产方式是本研究的重点所在。

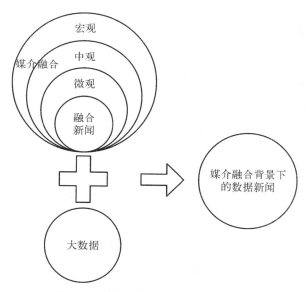

图 1-2 媒介融合背景下的数据新闻

三、数据新闻融合报道的新要求

媒介融合背景下的数据新闻生产与传播存在显著的独特性。首先,新闻编辑室的组织结构发生了改变,技术人员加入新闻编辑团队。《纽约时报》作为媒介融合转型的领头羊,早在 2007 年就成立了"互动新闻技术部",让新闻编辑与技术专家交叉合作;2014 年又成立了主打数据新闻的专业平台"The Upshot",整合新闻采编人员、数据分析专家、可视化制作团队进行独立平台运作。组织结构变化进一步带来新闻编辑室的文化转向。新闻文化和技术文化的磨合成为很多新型新闻编辑室共同面临的问题。对此,《纽约时报》的应对策略是培训新闻记者、编辑了解基本的计算机技术应用,培训技术专家了解新闻的基本常识,通过双向培训促进两种文化的对话与交融。以下具体分析媒介融合背景下数据新闻生产与传播的新要求。

(一) 编辑业务面临融合转型

从编辑业务角度来看,数据新闻融合报道首先需要明确两个问题:第一,媒介元素与报道题材之间的相关性和适宜性问题,即融合新闻报道采用哪种媒介作为主导媒介、哪些媒介作为配合媒介;第二,不同媒介的编辑方式问题,即根据不同媒介特征考虑如何将新闻更好地呈现出来。在媒介选择方面,通常处理逻辑复杂且富有深度的信息时倾向于选择文本作为媒介;强调情感表达、戏剧冲突的环节则适于采取音画结合的方式;当需要厘清历史阶段或地理位置信息时,可以选择时间线或数据地来呈现。在编辑方式层面,由于融合报道主要依托网络平台进行呈现,而网络作为一种主要诉诸于视觉的媒体,图像和视频的作用最为突出,特别适于展现富有冲击力、吸引力的情景。融合报道新闻编辑应当将网络作为主要媒介,并尽可能地利用多种媒介形式相互配合(表1-1)。

表1-1 媒介元素的适宜性[①]

媒介元素	事实信息类别
文字	各种事件及非事件信息、观念,时政、教育、社会问题,不宜直接展示的场面或情境
照片	人物、事件、自然

---

① 刘冰.融合新闻[M].北京:清华大学出版社,2017:28.

作情境中本能地探索、创新和进一步开发有意义的新闻方法。"[1]

（四）传播策略强调网络思维

从传播策略角度来看，数据新闻融合报道要善于利用网络传播。首先，在技术层面，实现通过搜索引擎能够快速检索到新闻页面。其次，在新闻编辑层面，做到标题具有吸引力，提高文章标题与关键词的匹配程度，使文章在搜索结果列表上更容易被点击、浏览。特别值得注意的是，数据新闻要重视社交化传播。不仅在页面设计方面要方便社交媒体和移动媒体的转发和分享，而且要鼓励数据新闻团队开设社交媒体账号，以建立与受众的紧密连接，从而借力粉丝文化特性，拓展受众参与，获取受众反馈。例如，The Upshot 利用 Facebook 用户对 NBA 球队的点赞数及相应的邮编信息创作了《NBA 北美粉丝地图》，用交互式数据地图呈现北美地区 NBA 粉丝的地理位置分布。后来基于这一模型生产的系列报道引起了广泛关注。The Upshot 不仅利用了社交媒体上的用户生产数据进行专业新闻生产，还鼓励用户通过社交媒体平台参与和分享。创作团队通过 Facebook 账户与用户进行交流，接受用户的反馈甚至质疑，构建了交互式网络传播模式。

四、数据新闻生产能力重构：以财新数据新闻团队为例的解析

财新数据新闻团队的作品屡次在国际、国内大赛中获奖，代表着国内数据新闻报道的专业水准，因此以财新为例解析数据新闻的生产

---

[1] Gynnild, A. Journalism Innovation Leads to Innovation Journalism: The Impact of Computational Exploration on Changing Mindsets [J]. Journalism: Theory, Practice and Criticism, 2014,15(6): 713-730.

与传播流程,可以了解当前业界对数据新闻从业能力的基本要求。

(一)财新数据可视化实验室

财新数据可视化实验室于 2013 年 6 月启动,2013 年 10 月 8 日正式成立,是一个结合新闻编辑和数据研发的虚拟实验室,致力于将数据应用于新闻的采编及呈现。财新数据可视化实验室是一个虚体部门,团队共有成员十余名,分布于编辑部门、设计部门和技术部门。财新的数据新闻报道以项目制方式开展,团队构成也是动态变化的,具体执行团队通常根据项目需要临时组建。一般而言,团队主要由新闻编辑/记者、技术人员、可视化设计师 3 种角色构成,团队决策人由财新传媒首席技术官(CTO)担任。

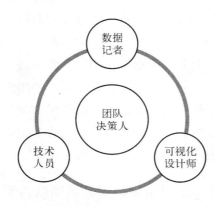

图 1-3　财新数据新闻团队构成

在数据新闻团队中,编辑/记者主要负责新闻内容,技术人员负责数据处理,设计师负责图形呈现,团队决策人负责统筹策划,各岗位随时沟通、相互协作(图 1-3)。财新数据新闻团队的成员多为复合型专业人才,能在工作中身兼数职。例如,其新闻主编具有工学学士、经济学硕士背景,同时有在财经网站数据库工作多年的经验。其设计师不仅在设计领域较有名气,同时擅长编程技能等。团队在吸纳新成员时也明确要求"具备两种技能以上的人才,而非简单的新闻传播背景"①。

---

① 黄志敏.数据新闻是如何出炉的——以财新数据可视化作品为例[J].新闻与写作,2016(3):86-88.

(二) 生产流程视角下的编辑能力重构

1. 确立选题

数据新闻生产流程开始于对新闻选题的确定。选题的提出一般有两种方式：一是由数据新闻团队自主发起，二是由编辑部门外力推动。然而任何一种方式都不能直接确定选题，需要数据团队和编辑部门双方进一步讨论。选题论证阶段，第一步就要证明选题成立，即编辑或记者提出方案，首先要考虑有没有充足的数据支撑这个选题完成。第二步，判断选题的呈现效果和制作成本，编辑或记者会先将方案交给设计人员制作草图，再通过与技术人员磋商，探讨技术方案、呈现效果和制作成本(图1-4)。通常编辑部门推动的选题，需要经过数据团队进行可行性评估；而数据团队提出的选题，需要编辑部门论证新闻价值，当双方达成一致，便可以确立选题。

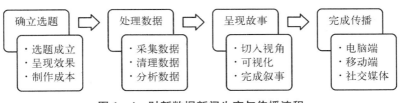

图1-4　财新数据新闻生产与传播流程

2. 处理数据

数据新闻生产的基石在于数据处理，其中包含"数据采集—数据清理—数据分析"3步。财新的数据来源主要有3种：一是政府或专业调研机构的公开数据，例如《"三公"消费龙虎榜》来源于官网公开的权威数据；二是媒体在新闻调查中长期积累的资源，例如数据可视化作品《周永康的人与财》来源于财新网早前发布的6万字深度调查报道《周永康红与黑》，数据团队将深度调查中大量的人物关系与利益关系进行梳理,再用交互式图表在网页上呈现出来(图1-5);三是第三方平台的数据获取,例如《阿里巴巴·IPO风云录》中,阿里的营业额、利润及交易信息等来自对天猫、淘宝等网站的数据抓取。

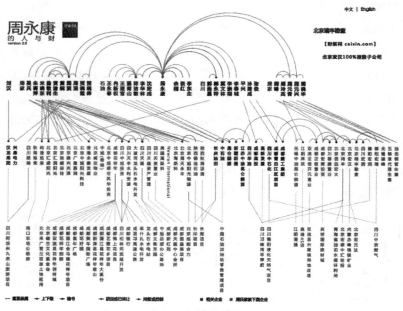

图1-5 周永康的人与财

(1)数据采集。数据采集的方式根据数据量级不同,可以分为人工采集和脚本抓取两类。一般对量级较小的数据可以采用人工采集,而规模庞杂的大数据则需要在辅助工具帮助下进行脚本抓取。例如《星空彩绘诺贝尔》,需要采集自1900年以来的诺贝尔奖信息,数据规模庞大,如果使用人工采集则效率低、成本高且容易出错,所以团队选择借助Import.io,实现自动识别网页并下载数据。

（2）数据清理。无论哪种数据来源，亦无论通过何种方式获取的数据，都很难被直接使用，因而数据处理的重点在于对这些规模庞杂的数据进行清理。数据清理是指通过技术手段对数据进行格式化处理，一方面剔除无效数据，另一方面将不同格式的数据进行统一处理，以便计算机进一步识别。财新数据可视化实验室经常使用 Google Open Refine 等开源工具，对原始数据进行筛选和过滤。值得注意的是，数据并不等同于数字，还包括文字、视频、图片、地理位置信息、音频等信息。

（3）数据分析。分析数据是数据处理的主要部分，也是用数据讲故事的关键环节。数据分析的结果能够帮助用户理解故事和数据之间的关联。这个环节将运用运算方法找出数据中的新闻价值，并对整个分析过程做细致完全的检查。例如，财新网报道《周永康的人与财》，采编人员首先从 6 万字的深度调查报道中提取数据信息，并放入 Excel 文件中进行整理、查找规律，以数据库的格式进行储存；然后通过对数据的分析发现本案中的两个关键点：人和公司。围绕核心关键点的关系又有 3 种：一是人与人之间的关系，二是人与公司之间的关系，三是公司与公司之间的关系，而每一种关系又可以进行具体的细分。

3. 呈现故事

在数据处理的基础上，还需要"视角切入—可视化呈现—完成叙事"三步来完成故事呈现。首先，数据处理完成后，团队技术人员需要与采编人员进行沟通：以什么视角切入来呈现这些数据。这一步类似于记者在新闻采访后，需要选择一定的侧重点和切入视角来呈现某一新闻事实。其次，确定切入视角后，设计人员需要根据当前掌握的数据和预期得到的新闻价值，考量用何种方式对数据进行可视化呈现，具体包括使用什么样的图形等。在完成数据处理后,设计人员在确定可视化呈现方案时,需要与采编人员、技术人员以及团队决策人进行协商,综合考虑方案效果和生产成本。通常方案还需要经过设计人员反复修订,并由采编人员进一步补充数据等,保证作品能够最终在预算范围内最优完成。例如,为了让图形更加简洁、准确,在报道《周永康的人与财》中,团队综合考虑,用点表现人,用线表现关系,人际关系简化为一张相互连接的点和线。随后经过图形优化,将点平均分布到一条直线上,用弧线表示人与人的关系和持股公司,再添加一些运动的小点表示线头的指向,使得整个图形美观、整齐、有规律(图1-5)。最后,对于许多数据新闻融合报道而言,可视化呈现并非新闻生产的终点,一个完整的新闻故事还需要将可视化呈现与新闻叙事的其他部分(文字、音频、图像、视频、网页等)有机组合在一起,形成一个完整的融合报道。

由此可见,数据新闻生产流程与传统新闻有很大不同,传统新闻的采编人员、排版人员、印刷人员分别处于生产线的上、中、下游,很少有直接交流。然而在数据新闻生产过程中,采编人员、设计人员、技术人员需要随时保持沟通。这就要求新闻编辑/记者不仅要有敏锐的新闻嗅觉,擅于发现选题,还要具备优秀的沟通协调能力;另外,基本的数据处理技术和图形设计素养是与团队成员有效对话的基础。

4. 完成传播

一则数据新闻制作完成后,团队还需要考虑该报道的传播与推广方式,不仅包括PC端和移动端传播,还包括通过微信公众号、官方微博、记者微博等多种方式的社交化推广。在互联网时代,"内容为王"正在向"渠道为王"转变,新闻报道不仅要考虑作品本身,还要讲究通过渠道开发和整合扩大其用户群和影响力。数据新闻本身作为依托网络的新型新闻报道方式,更是对团队的传播能力提出了更高要求。

数据新闻在可视化设计阶段就需要将传播平台纳入考虑,设计人员需要考量一个作品在不同平台上的最佳呈现方式,包括PC端、移动端等。如果时间与精力允许,数据团队会同步制作PC端和移动端产品。如果时间紧迫、成本有限,则会采用移动端优先的原则,例如2017年"两会"报道中很多表现优秀的交互式作品,仅采用了移动端体验的方式。当然也有例外情况,需要根据具体作品题材来确定。例如《周永康的人与财》这一报道获得了亚洲出版业协会2014年卓越网络新闻奖、国际新闻设计协会(SND)多媒体设计优秀奖等诸多国内外重要奖项,但是该报道只能在电脑网页上查看,由于新闻事件的线索繁多、人物关系复杂,设计团队无法制作出一个适合移动端查看的方式,这是新闻故事本身所限定的①。

综上所述,媒介融合背景下的数据新闻生产与传播需要以下5种能力:

(1)专业新闻素养。包括对新闻选题的敏感性,能够确立适合数据呈现的新闻选题;同时需要专业的新闻叙事能力,将可视化叙事嵌入到融合新闻报道之中。

(2)数据技术基础,对数据采集、清理、分析及呈现的基本技术有所掌握和理解。

(3)图形设计基础,具备设计方面的审美眼光,能够把握视觉传播的特点和优势。

---

① 部分资料来自2016年全国新闻学骨干教师研修班(青岛)黄志敏演讲及访谈.

（4）网络传播能力，能够以互联网思维取代传统的传播思维模式，综合运用可视化、故事化、社交化、定制化传播，帮助数据新闻在媒体市场上吸引用户、得到用户的认可和参与。

（5）团队协作能力。由于数据新闻采编人员在团队中起着重要的衔接作用，生产流程的每一个环节都离不开沟通协调，因此数据新闻编辑/记者要统筹全局，围绕新闻故事这一主线对具体制作环节提出要求。

参考文献

[1] Gray J, Chambers L, Bounegru L. The Data Journalism Handbook: How Journalism Can Use Data to Improve the News[M]. Sebastopol, CA, USA: O'Reilly Media, Inc., 2012.

[2] Mirko Lorenz. Status and Outlook for Data Driven Journalism, Conference of Data-driven Journalism Amsterdam Round Table, the Netherlands: 2010.

[3] 祝建华. 什么是"数据驱动新闻"[EB/OL]. [2018-2-1]. http://media.people.com.cn/n/2012/0718/c120837-18543914.html.

[4] 文卫华,李冰. 大数据时代的数据新闻报道：以英国《卫报》为例[J]. 现代传播,2013(5): 139.

[5] 方洁,颜东. 全球视野下的"数据新闻"：理念与实践[J]. 国际新闻界,2015(11): 105-124.

[6] Simon Rogers. How to Turn Numbers into Stories, Doing Journalism with Data: First Steps, Skills and Tools[EB/OL]. [2018-2-1]. https://learno.net/courses/doing-journalism-with-data-first-steps-skills-and-tools.

[7] 王强. "数据驱动"与"叙述驱动"：数据新闻生产的双重动力[J]. 编辑之友,2015(3): 80-84.

[8] 徐涛.《纽约时报》实验[J].第一财经周刊,2013(1):16-18.

[9] 章戈浩.作为开放新闻的数据新闻——英国《卫报》的数据新闻实践[J].新闻记者,2016(6):7-13.

[10] Simon Rogers. The First Guardian Data Journalism[EB/OL]. [2018-2-1]. http://www.theguardian.com/news/datablog/2011/sep/26/data-journalism-guardian.

[11] 肖明,丁迈.精确新闻学[M].北京:中国广播电视出版社,2002:2.

[12] Philip Meyer. The New Precision Journalism[M]. Indiana University Press,1991:23.

[13] 许向东.数据新闻:新闻报道新模式[M].北京:中国人民大学出版社,2017:25-40.

[14] Philip Meyer. Precision Journalism: A Reporter's Introduction to Social Science Methods[M]. Rowman & Littlefield,2002:2.

[15] 卜卫.计算机辅助新闻报道:信息时代记者培训的重要课程[J].新闻与传播研究,1998(1):11.

[16] Mirko Lorenz. Status and Outlook for Data Driven Journalism[EB/OL]. [2018-2-1].http://mediapusher.eu/datadrivejournalism/pdf/ddj_paper_final.pdf.

[17] 迈耶.精确新闻报道:记者应该掌握的社会科学研究方法[M].肖明,译.北京:中国人民大学出版社,2015:7-8.

[18] 郭晓科.大数据[M].北京:清华大学出版社,2013:30.

[19] 孟笛.美国数据新闻发展的开放与变革[J].编辑之友,2016(2):100-104.

[20] 方洁.美国融合新闻的内容与形态特征研究[J].国际新闻界,2011(5):28-34.

[21] 亨利·詹金斯.融合文化:新媒体和旧媒体的冲突地带[M].杜永明,译.北京:商务印书馆,2012:40.

[22] Rich Gordon. Convergence Defined[EB/OL]. http://www.ojr.org/

ojr/business/1068686368.php.
[23] 刘冰.融合新闻[M].北京:清华大学出版社,2017:19-23.
[24] 彭天笑.融合新闻报道的理念与形态创新[J].新闻研究导刊,2016(15):81-82.
[25] 詹新惠.新媒体编辑[M].北京:中国人民大学出版社,2013:28.
[26] Jane Stevens. Tutorial:Multimedia Storytelling:Learn the Secretes from Experts[EB/OL]. http://multimedia.journalism.berkeley.edu.tutorials/starttofinish.
[27] 黄成,花凯.试论媒介融合对电视新闻采编业务的影响[J].电视研究,2010(3):16-19.
[28] 刘冰.融合新闻[M].北京:清华大学出版社,2017:19-23.
[29] 刘冰.融合新闻[M].北京:清华大学出版社,2017:28.
[30] 陈红梅.公众参与新闻生产机器对新闻编辑能力的新要求[J].中国编辑,2016(4):83-89.
[31] Gynnild, A. Journalism Innovation Leads to Innovation Journalism:The Impact of Computational Exploration on Changing Mindsets[J]. Journalism:Theory, Practice and Criticism, 2014,15(6):713-730.
[32] 黄志敏.数据新闻是如何出炉的——以财新数据可视化作品为例[J].新闻与写作,2016(3):86-88.

第二章
生产流程视角下的海外数据新闻模式创新

本章从生产流程的视角切入,具体分析数据新闻生产的各个环节。结合西方学者提出的数据新闻生产流程模型,本研究指出虽然不同学者在描述数据新闻生产时使用的模型各异,但是他们都将"数据处理"视为生产流程的核心,一定程度上忽视了"新闻叙事"在数据新闻生产中的价值。

因此本章提出将"新闻叙事"的理念重新融入数据新闻生产过程当中,将数据新闻置于融合新闻报道的框架之下,将"新闻叙事"和"数据处理"看作是两条纵横交织的主线,共同构成新闻报道。本章将数据新闻生产概括为 5 个步骤:确立选题——数据采集——数据清理——数据分析——呈现故事。

基于对海外数据新闻生产代表性团队的考察,本研究发现"数据"和"叙事"作为数据新闻报道不可或缺的两个要素,通过相互整合能够产生"1+1>2"的效果。本章第二节重点分析了海外数据新闻模式创新的两种典型路径:一是"以故事诠释数据"的《纽约时报》模式;二是"用数据驱动故事"的彭博新闻模式。

第一节　生产流程视角下的数据新闻

一、新闻叙事与数据处理的整合

传统新闻写作以"倒金字塔结构"作为基本规则。内容上表现为一篇新闻报道先是把最重要、最新鲜、最吸引人的事实放在导语部分，导语中又往往是将最精彩的内容放在最前端，通常先介绍清楚5个W和1个H涉及的重要信息。而在新闻主体部分，各段内容也是依照重要性递减的顺序来安排（图2-1）。这种新闻写作规范犹如倒置的金字塔，上面大而重，下面小而轻。整个版面编排也遵循与之类似的倒金字塔结构，并在实践中几乎被绝大多数报纸所采用。

这种新闻报道的"倒金字塔"原则起源于19世纪60年代电报的运用。当时正值美国南北战争，电报业务刚开始投入使用，记者的稿件通过电报传送，由于新技术上的不成熟和军事临时征用的原因，稿件有时不能完全传送，时常中断。因此记者们想出一种新的发稿方法：把战况的最新情况写在最前面，然后按事实的重要性依次写下去，最重要的写在最前面。这种应急措施衍生了"倒金字塔结构"，后来成为新闻报道的固定文体特征。

新闻报道方式与技术因素密不可分。"倒金字塔模式"的新闻报道把最重要的写在前面，然后将各个事实按重要程度依次编排，可以帮助记者快速完成程序化写作，不为结构苦思；也有助于编辑快编快删，删去最后段落，不会影响全文。对于读者而言，则可以实现快速阅读，快速掌握信息，无需从头读到尾。然而它的缺点也是显而易见的，倒金字塔模式常被批评为缺少文采、没有生气、不能体现个性，结语不是铿锵有力而是有气无力。

第二章　生产流程视角下的海外数据新闻模式创新 | 49

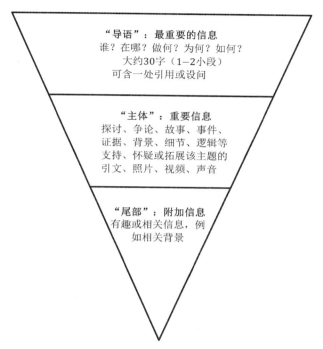

图 2-1　传统新闻报道的倒金字塔模型①

　　数据新闻的报道方式与传统新闻截然不同,记者不再需要赶赴新闻现场进行采访,而是面对规模庞杂的大数据进行挖掘分析,发现数据背后的规律,再以可视化形式呈现新闻故事。"德国之声"记者米尔科·劳伦兹(Mirko Lorenz)将数据新闻生产流程(图2-2)阐释为4个步骤:数据挖掘——数据过滤——数据可视

---

① Simon Rogers. How to Turn Numbers into Stories, Doing Journalism with Data: First Steps, Skills and Tools[EB/OL]. [2018-2-1]. https://learno.net/courses/doing-journalism-with-data-first-steps-skills-and-tools.

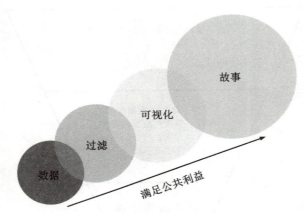

图 2-2 米尔科·劳伦兹的数据新闻生产流程

化——呈现新闻故事①。

英国伯明翰城市大学教授保罗·布拉德肖(Paul Bradshaw)指出,数据新闻的生产流程有两种模式:一是先提出问题,再查找数据;二是通过分析一组数据,发现数据背后的问题。② 布拉德肖用"双金字塔模型"(图2-3)展现数据新闻的生产与传播的过程,其中左边的"倒金字塔"结构表示新闻生产过程,即数据汇编——数据整理——数据分析——数据整合;右边的"正金字塔"结构强调了数据新闻传播的独特性,即可视化——叙事化——社会化——人性化——应用化的传播过程。③

---

① Mirko Lorenz. Data driven journalism: What is there to learn? Edited conference documentation, based on presentations of participants, Amsterdam: 2010.

② Bradshaw P. The Inverted Pyramid of Data Journalism[EB/OL]. [2018-2-1]. http://onlinejournalismblog.com/2011/07/07/the-inverted-pyramid-of-data-journalism/.

③ 章戈浩.作为开放新闻的数据新闻——英国《卫报》的数据新闻实践[J].新闻记者,2016(6):7-13.

图 2-3 数据新闻的双金字塔模型

虽然不同学者在描述数据新闻生产时使用的模型各异,但是他们都将"数据处理"视为生产流程的核心,一定程度上忽视了"新闻叙事"在数据新闻生产中的价值。本研究强调将"新闻叙事"的理念重新融入数据新闻生产过程当中,将数据新闻生产置于融合新闻报道的框架之下,将"新闻叙事"和"数据处理"看作是两条纵横交织的主线,共同构成新闻故事。

本研究提出数据新闻生产流程可以概括为 5 个具体步骤:确立选题——数据采集——数据清理——数据分析——呈现故事(图 2-4)。其中,"数据处理"的 3 个环节(数据采集—数据清理—数据分析)是数据新闻生产的核心,而"新闻叙事"的相关环节(从确立选题到呈现故事)是数据新闻生产的主线。数据新闻生产流程发端于对"新闻故事"的构思与策划,通过数据的采集、清理和分析,围绕"新闻叙事"这一主线进行,通过"数据"与"叙事"的不断整合,最终完成"新闻故事"的呈现。

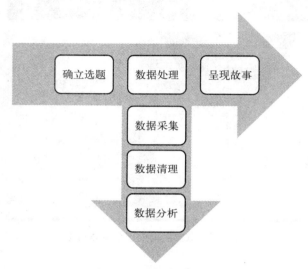

图 2-4 数据新闻生产流程

二、数据新闻的生产流程

（一）确立选题

确立选题是数据新闻生产最重要的环节。新闻生产接下来的所有环节,都是在对编辑思维的实践,是完成选题的过程。确立选题阶段的首要任务是证明选题成立。这种判断不仅基于新闻事实自身的各种要素,同时还要考虑到传播对象、媒体属性和功能,乃至传播环境、传播时机、传播政策等。在此基础上才能判断该选题的呈现效果和制作成本。具体而言,数据新闻生产首先由新闻编辑策划选题,经过与技术人员和设计人员探讨呈现效果及制作成本,确定选题成立。随后进入数据处理、呈现故事环节,即数据呈现参与新闻叙事的不同形式,将在第三章中做出具体分析。

发现选题需要"新闻嗅觉",这是记者完成新闻报道最重要的能力。一切数据处理技术都是实现手段,记者需要问自己的问题是,你能给一个从没听说过这事的人简单清楚地介绍事件吗?你能够用可视化的形式更好地呈现新闻故事吗,有必要这样做吗?你需要多长时间完成报道?当你完成这个报道,人们对这个话题还感兴趣吗?肯定的回答越多,选题成立的可能性就越大。前《卫报》记者迈克·艾利森(Mike Allison)提出:"作为记者,应当选择自己认为有趣的新闻选题。因为你认为有趣的东西你才会在乎它。而由于你在乎这个选题,你才能把这个故事讲好。"[1]

(二)数据采集

数据处理是数据新闻生产流程的核心,数据采集则是数据处理的基石。采编人员的新闻灵感正是来自对数据的把握。按照采集数据的方式不同,数据来源可以分为以下四类:

1. 公开数据

政府开放数据是公开数据的重要组成部分。近年来数据新闻的爆发式增长与英美主导的"开放政府"(Open Government)运动密切相关。以美国为例,2009年奥巴马总统上任后签署《开放政府令》,建成数据门户网站(data.gov),将关于就业、医疗、环境、教育等领域的数十万项政府专用数据推向互联网,在美国掀起了"数据民主化"浪潮[2]。这些数据对于民主政治建设、公益事业、商业应用无疑都有重要价值。然而,对于普通公民而言,要从海量、繁

---

[1] 方洁.数据新闻概论:操作理念与案例解析[M].北京:中国人民大学出版社,2015:37.

[2] 吴旻.开放数据在英、美政府中的应用及启示[J].图书与情报,2012(1):127-130.

杂的数据中发现问题、挖掘意义仍是一个难题。

新闻机构从政府开放数据入手,创作了一系列具有社会影响力的作品。2015年《华尔街日报》的《20世纪以来与传染病的斗争:疫苗的影响》(Infectious Diseases in the 20th Century: The Impact of Vaccines)通过对政府数据的可视化呈现,引导了公众舆论转向,荣获当年全球数据新闻奖"最佳数据可视化"作品。《华尔街日报》通过对过去70余年50个州的政府数据进行可视化呈现,其中纵坐标代表感染病例数量,横坐标表示时间线,纵向黑线标记出疫苗投入的时间,这组信息图表鲜明再现了疫苗使用对控制流行疾病的作用(图2-5)。该报道正值美国国内关于是否应该使用疫苗的论战异常激烈之时,反对派鼓吹注射疫苗会危及幼儿健康,这则数据新闻简明有力、举重若轻地说明了问题,对美国民众

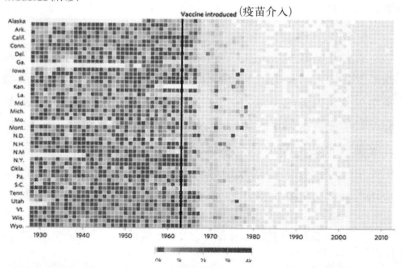

图2-5 《20世纪以来与传染病的斗争:疫苗的影响》

的疫苗观念产生了重要影响。

此后许多国家相继投入"开放政府"运动。英国政府建立了数据开放平台(data.gov.uk),网站可以提供2万多个数据集,实现用户通过不同筛选条件选择自己感兴趣的数据,例如根据主题选择环境、政府支出、社会、地图、教育、交通等不同领域的数据,也可以通过数据存储文件格式选择数据,还可以通过发表数据的机构或者数据公开后的评分水平来搜索获取。[①] 随后,韩国、巴西、墨西哥等国家也加入了数据开放的行列。2006年,中国政府网站正式开通。2013年,"国家数据"平台(data.stats.gov.cn)建成使用,这也是我国官方认可的国家级数据门户。

当然,政府开放数据的程度不尽相同,不同国家之间也存在显著差距。依据美国联邦政府和各州相应的《信息自由法》,如果组织或个人认为政府掌握其有用的数据,还可以通过提交信息自由(Freedom of Information)申请来要求数据公开。《纽约时报》记者就经常向政府部门申请信息公开,2009年获得普利策新闻奖的调查性报道《电视评论员幕后的五角大楼黑手》(Behind TV Analysts, Pentagon's Hidden Hand),其核心事实材料就是记者持续数年向美国国防部申请信息公开,甚至不惜诉诸联邦法庭,最终胜诉之后获得的[②]。除此之外,非政府组织和科研院所的公开数据也是重要的数据来源。例如,世界银行和联合国的数据门户网站为所有国家提供高水平的指标参数。许多科研机构会对数据进行汇总公开,例如英国数据档案(UK Data Archive)有大量数据

[①] 方洁.数据新闻概论:操作理念与案例解析[M].北京:中国人民大学出版社,2015:72.
[②] 段宏庆.中国媒体如何推进信息公开[J].中国改革,2011(9):16.

可以免费访问。①

2. 半公开数据

除了利用政府和机构的开放数据,优秀的数据新闻作品还经常借力于半公开的网络数据。互联网是一个数据的海洋,蕴藏着无数新闻故事的素材。近年来社交媒体的高速发展加深了人们对网络平台的依赖,人们频繁地通过应用程序和网站记录和上传自己的生活,发表自己的见解,大量的文字和图片在上传过程中由个人隐私数据转变为半公开数据。这些海量、真实、复杂的数据本身形成了一个巨大的数据库。如果数据新闻的记者和编辑们能够对这个数据库进行合理的挖掘和利用,可以生产出一系列精彩的新闻报道。

擅长利用社交媒体上的用户生产数据进行创作,可谓《纽约时报》的一大优势。2014 年 4 月 The Upshot 利用 Facebook 用户对支持球队的"like"数及相应用户邮编创作了《棒球民族地图》(Map of Baseball Fandom),数据地图直观反映了不同球队球迷在全国的分布状况。随后,团队又如法炮制推出《NBA 北美粉丝地图》(NBA Fandom Map),将数据地图模板应用于更多体育项目,在读者中引发广泛关注。《纽约时报》不仅将社交媒体上的用户生产数据引为己用,还鼓励读者在社交媒体平台进行分享,并建立账户积极与读者沟通,利用社交化传播扩大报道的影响力。

网络数据库规模庞大,然而数据可能散见于不同的网页中,难以获取和保存,因此我们需要采集网页数据。采集网页数据也称"抓取数据",是获取数据的手段之一,对于量级较大、规模庞杂的

---

① Data Journalism Handbook. [EB/OL]. [2018 - 2 - 1] http://datajournalismhandbook.org/.

网络数据需要运用辅助工具进行脚本抓取,即通过计算机语言对网页上的 Html 进行抓取、分析、整理,并导入数据库。抓取网页数据的基本步骤是:

(1) 确定要采集的数据内容,明确与选题相关的数据采集目标。

(2) 寻找可采集的数据源,定位欲采集数据的相关网页。

(3) 对数据源进行评估,了解数据源基本结构,为制定抓取方案打下基础。

(4) 制定采集策略,明确抓取工具和抓取方案。

(5) 编写程序,进行数据抓取。[①]

虽然数据抓取和编程内容通常由媒体的数字技术人员来完成,但是数据记者、编辑也应对其基本方法有所了解。要理解抓取数据的基本方法,首先要了解网页构造。网页是由 Html 超文本语言构成的,其本质是一种结构的描述,它允许网页制作人建立文本与图片相结合的复杂页面,然后通过浏览器读取这种结构,从而展示出效果。抓取网页数据就是利用一些开发语言来采集网页中的独立元素。Python 是其中比较主流的计算机程序设计语言,许多我们熟悉的网站都是用 Python 开发的,例如 Youtube、Instagram 等。Python 是一种灵活轻便的脚本语言,因而被越来越多的媒体采编人员青睐。用 Python 抓取数据首先要熟悉 Python 和网页相关的几个 module(包含 urllib、urllib2 和 httplib 等);然后编写代码,用其中的某个 module 与你希望抓取数据的网页进行交互;接下来利用 BeautifulSoup 这一函数库对在上一步骤

---

① 方洁.数据新闻概论:操作理念与案例解析[M].北京:中国人民大学出版社,2015:89.

中获得的 html 文件进行解析；最后将数据写进 txt 文件，或直接连接到数据库，因为 Python 中的 MySQLdb 模块可以实现和 MySQL 数据库的交互。①

当然对于一些不擅编程的媒体工作者，还有一些更为简单的数据采集方法，《数据新闻手册》中就有所介绍：第一，从基于网页的 API 接口获得数据，这包括在线数据库提供的用户界面以及各种新式的网络应用（比如 Twitter、Facebook 等）。这是获得政府和商业机构数据的好方法，在社交网站上也很有效。第二，利用有网页抓取功能的网站。在这类网站上，你可以借助其提供的实用工具或是自己写一段建议代码从普通网页上提取结构化的内容。这种方法十分强大，适用于许多情况，但这要求你了解一些关于网页的知识。② 例如，improt.io 是一款简便的数据采集软件，用户只需要将待分析的网址粘贴在搜索框里就可以实现将复杂的网页页面转化为简单清晰的表格形式。再如，Scraper wiki 的宗旨是用简单的方式教会用户网页采集的编程，引导用户在浏览器中添加自定义程序，一步一步指导用户完成编程。Scraper wiki 曾制作了一款无需编程的软件，专门用来挖掘 Twitter 数据，但这一软件自 2014 年 8 月受到 Twitter 数据公开政策限制，招致停用。

3. 媒体采访调查的数据

媒体在采访调查中长期积累的资源是数据新闻生产不可忽视的重要来源。首先，数据不等同于数字，还应包括文字、视频、图

---

① 方洁.数据新闻概论：操作理念与案例解析[M].北京：中国人民大学出版社，2015：90.

② Data Journalism Handbook. [EB/OL]. [2018-2-1] http://datajournalismhandbook.org/.

片、地理位置、音频等信息。媒体采访、新闻调查获得的各种形式的信息，经过格式化处理都可能成为数据新闻的来源；同时，数据新闻的兴起并不意味着传统的新闻采编方式失去了用武之地，新闻采访调查仍然是采集数据的重要方法，而这种方法在从事调查性话题的报道中更具效率。

通过采访和人际追踪采集数据是新闻记者的基本功：第一，记者需要快速定位，通过各种方法找到采访对象；第二，记者能够让采访对象开口，提供新闻报道需要的素材；第三，记者应该获得对方的信任，将部分采访对象培养成固定的消息来源。[①] 例如，2014年《芝加哥杂志》推出名为《芝加哥犯罪率的真相》系列报道，通过采访和发展消息来源的方式更正了官方数据中的错误，引起了热烈的舆论反响。2013年芝加哥警方公布芝加哥的城市谋杀案数量高达507起，是美国城市之最。然而这已经是统计显示中芝加哥城市犯罪率最低的一次。对此，《芝加哥杂志》开展调查并发布了调查结果。《芝加哥杂志》的记者、编辑主要通过两种方式采集数据：首先，通过申请政府信息公开，获取了过去20年芝加哥的"犯罪指数"电子数据表单。进而发现，直至2010年芝加哥犯罪率每年略有下降，而2011年出现了"断崖式"陡降。其次，两位记者通过采访培养消息来源，依靠警方内部的消息人士发现了政府公开的犯罪率数据存在异常。他们从警方内部的核心人士入手，发现了一批愿意提供内部资料的消息来源，证实了警方罪犯统计分类存在错误，因而很多杀人案未被正确计入当年的谋杀案总数这一事实。

---

① 方洁.数据新闻概论：操作理念与案例解析[M].北京：中国人民大学出版社，2015：119.

新闻调查是媒体获取信息、追踪事实真相的重要手段。其中，问卷调查是传统新闻采编中获取一手资料和信息的重要途径。对于问卷调查统计结果的分析，往往能够真实有效地反应事实。数据新闻的真实性、可靠性需要原始数据的支撑。因此在数据新闻中，这种通过调查问卷收集一手信息的方式仍被广泛应用，同时为了便于统计和呈现，调查问卷常以电子文本或流量监控等方式完成。

当前，基于媒体调查的数据新闻生产呈现出"跨国跨界"专业合作的趋势。2016年GEN数据新闻奖提名中有一个组织格外引人注目——"国际调查记者联盟"（International Consortium of Investigative Journalists, ICIJ）。成立于1997年的国际调查记者联盟（ICIJ）是全球非营利性组织，隶属于公共廉政中心（Center of Public Integrity），重点关注跨国犯罪、贪腐及权利问责问题。由超过65个国家的190余名调查记者自愿组成，联盟本身具备鲜明的"跨国"特性；同时兼有明显的"跨界"特征，除了全球调查记者，还有计算机辅助报道专家、公共档案专家、事实核查员、律师等共同组成。另外ICIJ是专业性的新闻调查组织，指导委员会由业界和学界知名人士组成，包括曾任职《纽约时报》的媒体人、得克萨斯大学奥斯汀分校教授等。

这种跨国跨界的媒体调查主要基于全球化背景下跨国犯罪网络不断扩张。新闻报道中遇到的问题已经超越了国界，需要各国记者携手应对挑战。跨国调查团队的形成，可以排除竞争，鼓励合作，解决单一地区或国家无法处理的难题。另外，全球犯罪往往政治关系复杂、数据量大，调查记者需要与国际法律专家、数据工程师等专业人士进行跨界合作，才能更好地发挥舆论监督职能。2016年亚洲深度报道大会上，《卫报》数据项目编辑本特松

(Bengtssont)指出跨国跨界合作使新闻调查事半功倍,是未来数据新闻生产的必然选择。

4."众包"数据

2006年《连线》杂志编辑杰夫·豪(Jeff Howe)发表文章《众包模式的兴起》(*the Rise of Crowdsourcing*),并在博客中发布了《众包:一个新定义》(*Crowdsourcing: A Definition*),对这一概念做出了详细阐释:"众包指企业或机构通过公开招募的方式将工作外包给一群非特定的个人或团队,而不是像以往一样依赖于雇员完成。众包的形成有赖于公开招募形式的运用,且需要大量有能力完成此项目的潜在劳动力存在"。

此后,"众包"作为专业术语,逐步为业界所接受。在新闻界,媒体的"众包"尝试首先是推出一些公民记者的报道平台,将公民记者吸纳进内容生产环节。2006年8月,美国有线电视新闻网(CNN)正式推出iReport平台,观众可以通过链接和电邮两种方式发送自己采写的新闻。2009年开始,公民记者在一系列重大新闻报道中的影响力日益显著。同时,部分媒体开始接纳"众包"理念,并将之应用到重要题材的报道中。

(三)数据清理

采集数据之后,首先要对收集到的数据进行预处理,形成适合数据分析的样式,我们将之称为数据清理,也是数据分析的前期准备,这个准备过程主要包括两个工作:一是导入数据,二是清洗数据。

1. 导入数据

通过不同渠道获取的数据,按照文件格式,可以分为两类:一是机器可读的数据文件,二是机器不可读的数据文件。机器可读的数据文件,即为了便于计算机进行读取和处理而生成的数据文件。常见的机器可读数据文件格式包括 CSV、XML、JSON 和 EXE 文件等。对于机器不可读的文件,需要对其进行相应处理,变为机器可读的文件。其中最常见也最令人头疼的是 PDF 文件。现实中,很多机构发布的资料、文件都是以 PDF 格式呈现的,这种文件格式重视内容的形式与排版,但是无法被机器程序直接读写。很多 PDF 文件里的内容不支持复制粘贴,或是在粘贴之后失去原有的格式。因此,在获取数据之后,转化 PDF 文件是数据记者的必备技能。常见的 PDF 转换程序有 Tabula、PDFtotext、OCR 文字识别软件等。

有些案例中,获取数据并不困难,数据分析的思路也不复杂,而将数据从混乱无序的影印文件中"清理"出来,才是发现新闻价值的关键。例如,阿根廷《民族报》的记者获取了 2013—2014 年政府支出的文件,其中极有可能蕴含着重要的新闻。但是这些文件是以 PDF 格式存储的图像,直接由纸质文件扫描得来,并不是机器程序进行数据分析。《民族报》的 5 名记者组成的团队对海量 PDF 文件进行识别、破解、分析,最终完成了参议院指出的系列报道,发现了副总统布都行程的多处漏洞,引起了国内外巨大反响。该报道为阿根廷《民族报》赢得了 2013 年全球数据新闻调查类报道奖。

2. 清洗数据

清洗数据是指运用半自动的方式修复数据集错误的过程,这种修复具体包括:移除空缺的数据行或重复的数据行、过滤数据行、聚集或转换数据值、分开多值单元等。除了用入门级的 Excel 软件可以对数据进行清洗,还可以使用专业级的数据清理工具,如 OpenRefine、Datawrangler。具体的数据清洗路径如图 2-6 所示:

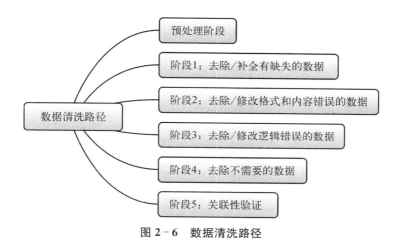

图 2-6 数据清洗路径

（四）数据分析

通过对获取的数据进行分析，发现数据当中蕴含的价值，是数据新闻生产的重要步骤。清理、分析数据的关键就在于提高数据的价值，找到其隐藏的复杂的关系。而要使数据价值得到提升和发现，可以通过以下几种方式[①]：

1. 对比分析法

对比分析法是将两个或两个以上的数据进行比较，分析它们的差异，从而揭示这些数据所代表的事物发展变化情况和规律性。对比分析法分为横向比较和纵向比较。横向比较是指把相同的数据类型放在一起进行比较，找出之间的共同点和不同点，哪些数据是有用的，哪些数据没用。纵向比较是指把不同的数据类型放在一个特点的情境之下，找出其关联性，印证共同的论点。例如，《华

---

① 张文霖,刘夏璐,狄松.谁说菜鸟不会数据分析[M].北京：电子工业出版社,2011：116-146.

盛顿邮报》2014年获得"最佳数据驱动调查报道奖"的《被夺走的家园》，由人们如何失去房屋权的8个小故事组成，通过类似小故事的共性揭露了一些投资者如何实现利滚利。

2. 分组分析法

分组分析法是指为了深入总体的内部，根据数据分析对象的特征，按照一定的标准（指标），把数据分析对象划分为不同的部分和类型来进行研究，以解释其内在的联系和规律性。分组分析法包括了等距分组和不等距分组两种。在各单位数据变动较为均匀的情况下可以采取等距分组，反之则用不等距分组更佳。分组分析法的关键是确定组数和组距。采用组距分组一般要先确定组数，这由数据分析者根据数据特点决定，组数需适当。然后确定各组组距，根据组距大小，将数据划入相应的组内。

3. 结构分析法

结构分析法是指被分析总体内的各部分与总体之间进行对比的分析方法，即总体内各部分占总体的比例，属于相对指标。一般某部分的比例越大，说明其重要程度越高，对总体的影响越大。

4. 平均分析法

运用计算平均数的方法来反映总体在一定时间、地点条件下某一数量特征的一般水平。平均指标可用于同一现象在不同地区、不同部门或单位间的对比，还可用于同一现象在不同时间内的对比。

5. 综合评价分析法

综合评价分析法是一种多变量评价分析，运用多个指标对多个参评单位进行评价的方法。它的基本思路是将多个指标转化为一个能够反映综合情况的指标来进行分析评价。例如，通过已知的关系，推出未知的关系。例如，2011年关于英国骚乱的报道，正是《卫报》介入调查,通过对 Twitter 网上 260 万条有关暴动的消息和参与到暴乱中的社交媒体进行分析,得出的结论与官方的完全相反,社交媒体不仅没有推动暴乱的产生,反而在阻止流言上起了积极作用。

(五)呈现故事

在数据新闻生产流程中,获取数据、处理数据之后的一个重要环节便是——呈现数据。第一阶段是海量数据的搜集与准备;第二阶段是深入挖掘数据的新闻价值;第三个阶段是将数据、故事以及深层含义以视觉语言的方式呈现给受众。可视化呈现处于最后一个环节,可谓数据新闻报道的"点睛之笔"。数据呈现参与新闻叙事也有不同的形式,将在第三章中做出具体分析。可视化呈现本身形式多样,创新不断,以下介绍典型的 3 种:

1. 数据地图

数据地图是指利用经纬度展现多维或者单一数据之间的关系,适用于涉及地理空间、分布的新闻。数据地图通常以点状图或者热力图直观地展现某个指标或者不同新闻事件的地理分布,将所有的信息用排列起来,增强了新闻作品的表现力,提高了受众阅读新闻的兴趣,扩大了受众阅读的宏观视野。

《卫报》的"数据博客"栏目就经常采用数据地图的形式。比如 2010 年 10 月 23 日的《伊拉克战争日志》(图 2-7),采用了来自维基解密的数据,借用谷歌地图提供的免费软件 Google fushion 制作了一幅点状图(dot map),将伊拉克战争中所有的人员伤亡情况标注于地图上。在地图上一个红点便代表一次死伤事件,鼠标点击红点后弹出的窗口则有详细的说明:伤亡人数、时间,造成伤亡的具体原因。在沉重故事面前,数据地图可以说明一切,密密麻麻的红点聚集足以给人带来震撼,可见伤亡人数之多、分布之广,无

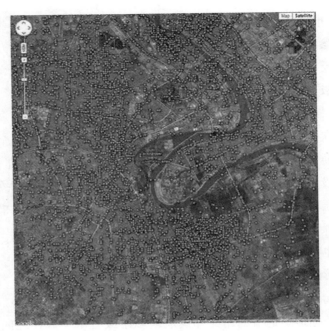

图 2-7 《卫报》的《伊拉克战争日志》

需大量语言描述,一幅地图就足以触目惊心。此则新闻刊登后引起了英国舆论震动,相当程度上推动了英国最终做出撤出驻伊拉克军队的决定。

2. 时间线

时间线也是数据可视化常用的类型之一,适用于时间跨度长,信息类型多,事件的发展是随着时间的变化而变化的新闻事件。在传统新闻报道中,当事件时间跨度过长,数量又众多的时候,要用文字去描绘清楚时间与发生事件的联系,对于记者而言,并不是一件简单的事。对于受众而言,复杂冗长的信息也会使人感到烦躁,没有耐心读下去,这就形成了记者与受众之间的传播障碍。而时间线的出现就弥补了这类新闻在传播中存在的不足,把所涉及的时间、人物、事件、地点、原因等要素,按照事件发生的先后顺序进行叙述的方法串联起来,使文章条理清楚,脉络分明。

时间线具有交互式的特点,用户可以通过拉动时间轴或者选择不同的变量来查看,根据个人的兴趣点了解某个事件的具体状况,使在传播过程处于一个被动的受众变为主动,也在侧面印证了在新媒体时代已由过去以媒体为中心,变为以用户为中心,媒体只有深入了解用户的个性化需求,才能在市场竞争中赢得优势。

可视化网站"信息之美"曾经发布的《小题大做:全球媒体制造恐慌故事的时间线》(Mountains Out of Molehills: the timeline of global media scare stories)(图2-8),横坐标为2000年到2015年的时间轴;纵坐标为媒体制造恐慌的强度,是用媒体的话题提及次数来衡量的;颜色各异的三角分别代表了各种疾病和热议话题,如疯牛病、SARS、禽流感、杀人蜂、小行星碰撞、手机致癌等,鼠标

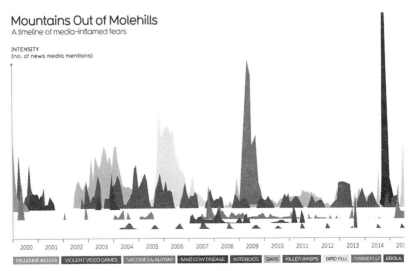

图 2-8 小题大做:全球媒体制造恐慌故事的时间线

触及每个话题时，其他颜色的三角就会隐藏，每个疾病都做了不同年份的死亡人数和媒体报道引起恐慌规模的对比，可以发现其实很多疾病的严重程度被媒体放大了，引起了较大的社会恐慌。

3. 信息图表

信息图表具有解读数据的作用，通过对数据进行排列、对比，挖掘出数据之间的关系供用户参考。起初，在报纸和新闻中出现的饼状图、条形图、散点图等都属于最早最简单的信息图，样式和颜色比较呆板和单一，表现的数据种类也比较少。随着计算机制图能力和大众对媒体的要求提高，信息图的类型更加多样化，传递的信息量也更多，表现力也更大。

信息图表的优点在于图形样式灵活，表现的数据类型多样，应用范围广，直观性强，但其缺点在于传播的时效性差。相比于数据地图和时间轴，信息图表可供选择的图形样式更多样化，可以用大小不同的人代表一个群体的规模，可以用不同的图形代表不同的国家等，在涉及经济、政治等领域，也常常用到信息化的图表。由于制作信息图表时，需要一定的时间，所以在报道突发新闻的时候，缺乏时效性，不能做第一时间的报道，只能在后续报道中进行深入解读。

在2016年美国大选中，媒体作为公众了解大选最直接的渠道，必然获得读者极大的关注，阐述类、分析类、预测类等数据新闻都运用了各式各样的信息图表。

大选期间，BuzzFeed在Facebook上选取了三个极左的小组、三个极右的小组以及三个主流媒体，并对其发布的新闻进行监测发现：在大选早期，大部分的读者更容易点开真实的新闻，而到了选举后期，假新闻比真实的新闻收获了更高的点击率（图2-9）。

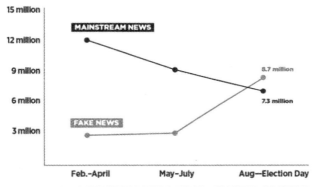

图 2-9　Buzzfeed 在 Facebook 上的新闻调查

而美国新闻网站 Vox 则在总统身上"开刀"。特朗普曾说："如果我当总统,首先我要给所有人减税,我能消减年预算,我还能减轻国家负债。"Vox 给他算了一笔账,发现按照他所提出的年预算和政府项目,所有人都要交更多的税。在这个数据新闻中,读者可以随意选择候选人,来计算在其提议的政策下要交的个人税收(图 2-10)。

Vox 在美国大选当天推出 Emotion Tracker。读者可以选择自己投票的候选人以及当时的心情,个人选择会呈现在一个 2×2 向线上。在图表下方有一条时间线,是从 11 月 8 日上午 7 点到 11 月 9 日上午 6 点,点击 play 即可看到一个不断变化的动态图表,作为一个众包项目,它直观展示了选举前夜到选举结果揭晓阶段选民的心情(图 2-10)。

通过对数据新闻生产流程的详细解析,我们发现数据处理(数据采集、数据清理、数据分析)和数据可视化等环节需要运用

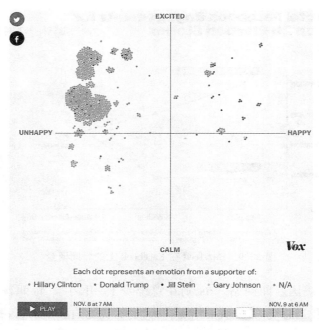

图 2-10　Emotion Tracker 情绪追踪器

多种软件程序，甚至需要设计和编程等技术，这就需要专门的技术团队来配合记者/编辑完成新闻生产的任务。为了适应数据新闻生产需要，一些传统媒体的新闻编辑室在组织结构、生产模式等方面进行了重构。虽然这种重构不能取代占据主导地位的传统新闻生产模式，但是也促进了传统的、组织化的生产模式转型，推行了新闻生产模式的变革。还有一些数据新闻生产团队并非脱胎于传统的媒体组织，而是由互联网公司、财经资讯公司或网站发展而来的，它们通常拥有更强大的数据资源和技术团队，从诞生之初就带有数字化的基因，代表了数据新闻生产模式的创新。

第二节　海外数据新闻生产模式创新

生产模式是指企业体制、经营管理、生产组织和技术系统的形态和运作方式。需求转化成产品的过程就是生产单位满足用户多样化、个性化需求的过程,其结果必然导致产品生产过程的复杂度和多变性,也必然带来生产模式的变革。① 基于第一节对数据新闻生产流程的分析,研究发现数据新闻报道由两个核心要素构成:数据和叙事。数据新闻生产以数据处理为核心,通过对大数据的采集、清理、分析,进而完成新闻故事的策划和呈现。本研究对有代表性的海外数据生产团队进行考察,发现"数据"和"叙事"作为数据新闻报道不可或缺的两个要素,通过相互整合能够产生"1+1>2"的效果(图2-11)。

图 2-11　数据新闻报道的两个核心要素

下文将重点分析海外数据新闻模式创新的两种典型路径:一是以故事诠释数据的《纽约时报》模式;二是用数据驱动故事的彭博新闻模式。

---

① 许向东.数据新闻:新闻报道新模式[M].北京:中国人民大学出版社,2017:100.

一、数据新闻生产的《纽约时报》模式

大数据背景下,无论传统报业、广播电视,还是网络媒体都把探索新闻创新纳入了自己的发展方向。《纽约时报》作为传统报业翘楚,有着百年发展历史,以传统新闻报道见长;同时也是最早对数据新闻进行探索的传统媒体,与英国《卫报》并驾齐驱,作为数据新闻生产两大先驱之一,尤为擅长借助融合媒体方式报道数据新闻,将其作为研究对象具有重要价值。

(一)大数据时代的传统新闻业务转型

早在2014年,《纽约时报》一份内部发展报告就提出要在数字化转型中锐意进取,在"编辑部门职能调整、跨部门协作、社交媒体推广等方面"采取更为有力的措施。2014年《纽约时报》成立新栏目"The Upshot",主打数据新闻。"The Upshot"是整合新闻采编人员和可视化制作团队的专业平台,从数据挖掘、建模分析、可视化呈现到文章采编实行独立运营,极大增强了生产团队对数据新闻报道的驾驭能力。

《纽约时报》数据新闻的快速发展与美国"开放政府"(Open Government)制度的推行密切相关。2009年奥巴马总统上任后签署了《开放政府令》,并建成数据门户网站(data.gov),将关于就业、医疗、环境、教育等领域数十万项政府专用数据推向互联网,掀起了"数据民主化"浪潮。① 这些数据对民主政治建设、公益事业、商业应用无疑都有重要价值。然而,对于普通公民而言,如何从海量、繁杂的数据中发现问题并挖掘意义仍是一个难题。在此背景下,大量传统媒体开始了从政府开放数据入手挖掘新闻的尝试。

---

① 吴旻.开放数据在英美政府中的应用及启示[J].图书与情报,2012(1):127-130.

2014年"The Upshot"成立后利用政府开放数据推出了许多引人注目的大型新闻报道,例如《255张图解析衰退之后的美国经济》就是解读政府数据的标杆性作品。团队通过对美国劳动统计局发布的就业数据进行梳理,用一张交互式信息图全面再现了2009年美国经济衰退之后各大产业的发展趋势,读者点击鼠标便可以进一步看到编辑团队对不同产业发展的分类诠释(图2-12)。例如石油、天然气等黑金产业岗位激增,而数字革命冲击下的出版印刷业每况愈下。通过对政府开放数据的挖掘、梳理和可视化再现,不仅能让读者对美国经济复苏的趋势一目了然,还能清晰了解产业变迁的不同节奏,明确特定行业在整体经济版图中位置。

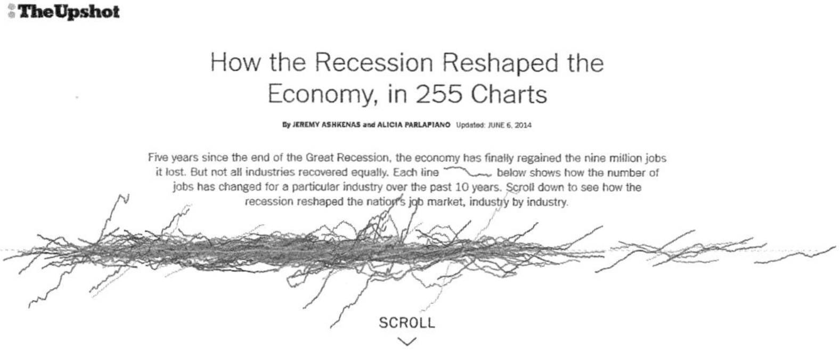

图2-12 255张图解析衰退之后的美国经济

除了政府开放数据,调研机构(如Pew Research Center、Urban Institute等)发布的统计数据和高校数据库(如乔治亚大学关于国会议员的资料库、马里兰大学的全球恐怖主义数据库等)都是《纽约时报》数据新闻的重要来源。[①] 除了利用政府和机构开放

---

① 周游尤.美国媒体如何找数据[EB/OL].[2018-2-1] http://djchina.org/2014/09/30/how-to-find-data/.

数据,纽约时报的数据新闻生产还常借力于社交媒体上的用户生产数据。

大数据时代,政府开放数据、调研公开数据和社交媒体上的用户生产数据为数据新闻发展提供了数据来源,为传统媒体的发展转型提供了契机。与此同时,传统媒体的专业新闻报道也重新激活了这些数据,通过融合媒体报道,将海量数据呈现为可知、可感的新闻故事。

(二)融合新闻报道大数据背后的故事

虽然数据逐渐在新闻报道中发挥越来越重要的作用,但新闻不能因此被数据主宰。一个好的数据新闻报道最重要的还是要有新闻故事,这样才能吸引读者阅读的兴趣。脱离了新闻性,再好的数据制图也只能是一份研究报告。西蒙·罗杰斯(Simon Rogers)提出"数据新闻不是图形或可视化效果,而是用最好的方式去讲述故事,只是有时故事是用可视化效果或地图来讲述"。

许多传统媒体在做数据新闻时的基本方向依然是"新闻为主,数据为辅",让数据讲述更好的新闻故事,强调新闻叙事在数据新闻生产中的价值。《纽约时报》便是其中的典型代表。下文将结合案例,重点分析《纽约时报》是如何借助融合媒体报道优势实现用故事诠释数据的。

1. 数据可视化与数据可听化相结合

传统新闻中,文字是新闻报道的载体,即便有图片和数字,也主要起辅助叙事的作用。在数据新闻中,图像的叙事功能被重新发掘并放大到主体地位。可视化叙事具有整体化、宏观的特点,同时基于大数据的新闻创作为精确度提供了保障。数据可视化新闻将图像叙事和传统的话语叙事结合起来,优化了新闻叙事方式。

2014年,《纽约时报》创作的《重塑纽约》获得数据新闻"最佳数据可视化"作品奖。该作品创作于纽约市长布隆伯格离任之际，对其连任12年是非功过的评论是当时新闻媒体关注的焦点，《纽约时报》选择其主政期间的重要举措——"城市建设"作为主题展开报道。其中，话语叙事部分观点鲜明，客观分析了城市建设对不同族群带来的影响。而图像叙事部分尤为出彩，生动形象地诠释了纽约城市之变（图2-13）。首先用3组基于大数据的动态矢量图从整体上勾勒城市建设的三大主题——新增城市建筑群、区域重新划分、新建绿色行车道，帮助读者从整体上了解城市景观变迁。其后辅以六组12年间同一地点的对比照片，给人带来视觉冲击，同时补充了丰富的画面细节。

图2-13　重塑纽约

如果说数据可视化是用图像为手段讲故事的话，那么，数据可听化（Data Audioization）则是将声音作为主要媒介讲述数据里的故事。《纽约时报》在9·11事件发生10周年之际推出纪念专题，用声音为主、图像为辅的方式再现了恐怖袭击发生的过程,其中音频材料的运用对还原现场起到了关键作用。作品用数据地图呈现四架被劫持飞机的最后航线,并且同步播放来自联邦航空管理局等多方实施监控指挥开展救援的录音。受众可以一边浏览飞机在数据地图上的动态轨迹,一边收听灾难最后时刻从飞机乘务人员报警到地面指挥台调控再到防空部门营救失败的对话(图2-14)。整个作品没有一丝多余的感性评述和煽情画面,而是将声音作为主要叙事语言结合数据地图向导,简洁质朴也无比真实地还原了灾难现场,让人听罢如同身临其境,陷入强烈的悲痛惋惜之中。

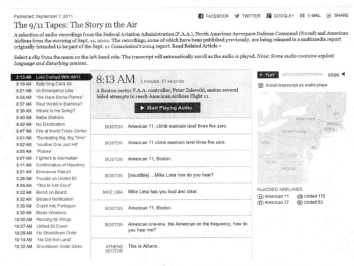

图2-14 《纽约时报》的《911失事航班录音地图》

2. 融合媒体报道打破传统线性叙事

融合新闻不等同于多媒体新闻,并非图片、声音、视频等多种媒介形式的简单重复或拼贴,而是通过不同媒介传播内容相互补充构成有机整体。可以说,融合媒体新闻报道是多媒体和网络技术发展日臻成熟的结果,是"升级版"的多媒体新闻。① 数据新闻的融合媒体叙事突破了传统新闻报道的线性叙事模式,呈现为"微内容组合式"结构特征。2012年《纽约时报》获得普利策新闻奖特稿类作品的《雪崩》将数据地图、视频采访、交互式信息图等融为一体,成为用融合新闻报道讲述数据背后故事的典范。

2015年《纽约时报》的《夹缝之间:贫困以上中产之下》获得数据新闻"总体成就奖",同时获得2015年的"年度调查奖"提名。该作品最突出的特点在于将整个专题划分为五个完整故事,并按关键词进行编排,每个"微内容单元"独立成章,由交互式信息图、动态数据地图、照片视频与文字叙事相互配合,打破了传统报道的单一线性叙事,受众可以根据兴趣自由选择,这也符合新媒体时代受众的阅听习惯。值得注意的是,这则新闻的数据来自5个贫困家庭的收入和开销情况,数据本身并不复杂,然而报道充满人文关怀,体现出数据新闻奖历经四届的发展趋势。过去,美国国内关注贫困问题的新闻报道比较单一,多从政策角度入手,关注社会制度和政府项目,将贫困人群作为"他者"进行描述,即不公平制度的受害者或扶贫项目的受益者,而这篇报道将关注点落在与贫困斗争的人身上,将人性带入报道之中。

3. 对互动性游戏化新闻叙事的探索

互动新闻的实践大致有两种途径:传播内容的互动和呈现方式的互动。作品《夹缝之间》以对话方式展开,将半岛电视台与读者之间的对话作为新闻报道的一部分呈现出来,体现出传播内容的互动性。半岛电视台通过网络平台了解受众的贫困经历和对贫

---

① 方洁.美国融合新闻的内容与形态特征研究[J].国际新闻界,2011(5):28-46.

困问题的看法:首先由媒体抛出一个问题,然后收集受众回馈,接下来媒体便可以抛出更多问题,受众再以分享经历的方式作为回应,以此循环往复,在互动中深入了解。同时,半岛电视台在社交媒体上积极开展与受众的交流,在 Twitter 上建立♯ajampoverty♯(陷入贫苦)标签,鼓励受众分享亲身经历,还在 Facebook 建立主页,努力将新闻报道中的故事扩展到受众的亲身经历中来。

互动新闻顺应了网络受众的阅听习惯,同时又进一步吸引受众参与新闻叙事。2014 年《纽约时报》对世界杯的报道,在呈现精彩进球的新闻图片时,编辑巧妙地"拿走"了照片中的足球,然后邀请读者猜测图片中足球的位置(图 2-15)。当读者点击屏幕中的新闻图片,足球的真实落点随机得以重现,并通过程序计算"得分"与其他读者的准确率进行比较。建立在数据运算基础上的交互性游戏化呈现模式,吸引读者参与叙事,评分机制的借用暗合了读者的竞赛心理,促进了持续不断地参与新闻叙事,使传统的新闻摄影传播被赋予了创意。诚如《纽约时报》互动新闻部负责人安德鲁·迪威格所言:"以多媒体方式呈现新闻,以互动手段制作新闻可以帮助读者更好地理解这个变化的世界。"①

4. 强调移动端适配性的叙事模式

随着新闻在移动端流量飙升并超过了总流量的 50%,移动端名副其实地成为最重要的新闻接收平台,传统媒体在移动端的开拓势在必行。《纽约时报》为了适应不断变化的媒介图景,2014 年陆续推出了 NYT Now、NYT Cooking、NYT Opinion 等一系列针对特定读者群体的移动应用程序。然而,付费订阅的移动应用程序对市场的吸引力似乎并未达到预期,NYT Opinion 因未能吸引

---

① 马忠君.走进《纽约时报》互动新闻报道[J].新闻战线,2011(11):91.

第二章　生产流程视角下的海外数据新闻模式创新

图 2-15　比赛首个进球

足够的订阅用户已被关闭,其他移动应用程序也在摸索中不断整改。与此同时,传统媒体开始意识到移动市场的开拓不能停留在平台建设,还需要依托新闻内容本身的移动端适配性建设。《纽约时报》移动端资深编辑山姆·多尔尼克指出:"如果只将(移动)应用理解为平台,而不把内容嵌入其中是远远不够的。"[①]

数据新闻以其生动直观的优势,与移动阅读有着天然契合的属性,数据新闻的移动端适配性发展已被新闻编辑部门提上日程。

---

① 储宝,译.《纽约时报》:移动应用要与用户有真实交集[N].中国新闻出版报,2015-05-05.

将原先适用于 PC 浏览的数据新闻转移到移动端,不仅需要适应新的屏幕尺寸、交互方式,还需要根据移动用户即时性、碎片化、互动性的阅听习惯进行叙事方式的调整。2015 年全球数据新闻大众选择奖得主《纽约时报》早已启动在移动端的探索。2014 年作品《Derek Jeter 职业生涯的 34 万 2 千次挥杆》(图 2 - 16),为纪念扬基队队长 Jeter 退役,编辑团队在对其棒球运动生涯挥杆数据进行统计的基础上,专门设计了这一适应移动阅读的交互式新闻作品。作品以 Jeter 身着职业装备的"挥杆照"为起点,伴随文字对过去 20 年美国棒球联赛的简要梳理,逐步呈现出每一场季后赛、明星赛、常规赛中 Jeter 的挥杆照。读者在轻量阅读的同时,只要手

图 2 - 16 Derek Jeter 职业生涯的 34 万 2 千次挥杆

指轻划屏幕，便可以看到挥杆动作以几何倍数的递增，形象表现了每一次击球、安打、全垒中一名职业运动员没有捷径的拼搏，直到挥杆照演变为手机屏幕上密密麻麻的网状。这种以数据为基础、图像叙事为主体的轻量阅读契合了移动用户的阅读和使用习惯，没有长篇大论的文字叙事，也没有试图用一张复杂的信息图涵盖全貌，而是通过指尖划过，用一层一层"剥洋葱"式的交互叙事，吸引读者不断去融入棒球英雄的赛场生涯，在互动中完成叙事，在渐进中感受震撼、产生敬意。

此外，数据新闻的移动产品设计还体现为对移动设备定位功能的创意使用。例如《纽约时报》创作的《美国贫困率地图》，不再简单呈现为一张数据地图，而加载了自动定位功能，为移动用户提供更为个人化、精确化的新闻作品。移动传播是未来新闻发展的重要方向，在投身平台建设的同时，还要重视新闻内容本身的移动端适配性。只有有意识地关照移动设备独特的呈现方式、操作模式及特定功能，才能创作出具备人性化、吸引力的数据新闻作品。

数据新闻报道由不同的生产主体主导，以《纽约时报》为代表的传统媒体擅长新闻叙事，用故事诠释数据，将发展数据新闻作为深化数字化转型的实践方式。由西方国家率先推行的"开放政府"理念，促使大数据成为媒体挖掘新闻故事的宝藏，成就了数据新闻在西方传统媒体中的崛起，并逐步发展为全球新闻业的潮流。数据新闻改写了传统新闻一元叙事的模式，强调用可视化、可听化、互动性、游戏化、移动式的叙事语言帮助受众更加直观、便捷、高效地获取信息，契合了新媒体时代受众的阅听习惯。

《纽约时报》是传统媒体发展数据新闻业务的先驱，更重要的是，它突破了单纯以"大数据"为卖点的做法，开创了新闻叙事语言的革新，强调新闻应该调动全媒体语言吸引受众、感染受众。也就是说,大数据仅仅是新闻线索的来源,可视化呈现也只是新闻传播的手段之一,发展数据新闻的重点在于如何更加精彩地讲述数据背后的故事。

二、数据新闻生产的彭博新闻模式

创立于1990年的彭博新闻社(Bloomberg News),是依托集团优势资源建立的专业财经媒体。其母公司彭博集团(Bloomberg L.P.)由布隆伯格创建于1981年,是全球最大的财经资讯公司,核心业务是出售"彭博终端机"(Bloomberg Terminal)并提供"专业财经资讯服务"。一方面彭博集团将出售终端机的收入用来支持彭博新闻发展;另一方面,专业财经服务产生的独家数据为新闻生产提供数据来源。

不同于《纽约时报》等传统媒体"用故事诠释数据"的模式,彭博新闻依托其背后专业财经资讯公司的独家数据和强大资金支持,发展出用"数据驱动故事"的创新模式。彭博集团旗下的财经数据新闻和专业财经资讯服务相互结合,主要价值在于建构彭博品牌,提升集团的整体影响力。彭博模式的成功在于以彭博新闻为先导,依托强大的数据资源和专业采编团队,构建全球财经媒体组织体系,确立了彭博专业财经媒体的品牌优势。

(一)彭博新闻的发展历程及特点

1. 建立全球财经媒体帝国,形成品牌优势

20世纪90年代开始,彭博新闻社在总编辑马特·温克勒(Matt Winkler)的带领下成长为全球新闻巨头。目前彭博新闻社在世界各地已经设立了超过200家分社,旗下2 000余名专业新闻编辑、记者,每天发表5 000余篇报道,形成了包含多种媒介形态和媒体业务的专业化财经媒体组织体系,其中包括:彭博电视台、

彭博电台、《彭博市场》《彭博商业周刊》,以及提供专业化信息的"彭博法律""彭博政府""彭博新能源"等。2009年之后,通过对美国鹰眼出版公司、BNA信息公司的并购,彭博新闻社进一步丰富其业务板块,财经媒体帝国的格局基本成型。

2. 构建大平台架构和生态系统

彭博构建了一个由彭博终端等硬件,数据处理及分析软件,管理服务体系三者共同支撑的平台架构(图2-17)。庞大的数据库和可靠的数据来源、符合客户决策需求的分析软件和数据系统化能力、专业的管理服务体系构成了彭博品牌的核心资源。

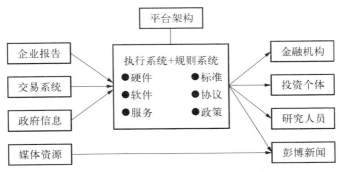

图2-17 彭博平台架构与生态系统

首先,基于财经信息服务开展新闻业务,彭博新闻社的数据来源相较于传统媒体具有无可比拟的优势。彭博集团全面掌握股票市场数据、上市公司财报、互联网等外部机构发布的公开数据,与纳斯达克、纽约、伦敦等250个交易所连通;还与众多债券商合作,购买中投证券、万国证券、招商证券等的经济分析数据报告。同时,彭博还利用收购来丰富数据资源,例如为发展彭博政府业务,收购了联邦采购数据的提供者——鹰眼出版,来为其展开政府信息业务做好铺垫。

其次,彭博系统中海量的数据资源都由专业团队转化为可升值的数据报告。彭博按照其定位客户的需要,如投资银行、证券公司等金融机构和个体投资人、融政策研究人员、市场分析人员等,对数据加以整合、归类,通过精准、及时、系统化的信息及数据服务,不仅帮助客户省去了从不同渠道采集、整理、分析数据的过程,也提高了决策的质量和效率。对某些客户,彭博社还提供定制的基于数据分析和金融理论的系统化解决方案。

除了专业财经资讯服务,彭博新闻社经常将数据直接用于新闻报道(商业机密数据除外)。通过数据挖掘和整合解读数据背后的规律,彭博新闻维系着一大批高质量的客户。在彭博系统内部,彭博新闻社是烧钱的部门。但其遍布全球的新闻团队可以实现世界上任何重大事情发生时,都有彭博新闻社的记者在现场。这对提高彭博信息和数据可信性,以及彭博品牌宣传,都具有重要的价值。彭博新闻社是彭博生态系统中不可分割的一个重要部分(图2-17)。

3. 重视数字化革新和数据新闻业务发展

2013年,彭博新闻社深陷泄露客户隐私数据的丑闻,新闻业务面临全面整改。2014年底,曾经担任过《经济学人》总编的约翰·麦克列威特(John Micklethwait)接替温克勒,主管彭博集团全部编辑业务。彭博资讯公司在原有新闻通讯服务的基础上引入新产品,使得媒体收入来源更加多样化。麦克列威特执政后,彭博新闻社的在线数字平台和移动数字平台都进行了更具视觉冲击力的页面设计和功能升级(彭博社官网改版),还引入了一个全新的政治新闻及分析网站,并从其他数字新闻媒体广泛招募网络记者。

新版彭博社网站上的"今日图表"(Bloomberg Graphics)栏目引发了广泛关注,优秀的数据新闻报道成为行业标杆。"今日图表"将彭博新闻、彭博数据与彭博分析整合起来,其深度、时效性和灵活性都非常高。其中的数据新闻报道由两部分构成:一部分是由彭博制作的信息图表,另一部分是一个4—6段的新闻文字报道。"今日图表"灵感一般都来自最近发生的新闻,例如党的"十八大"期间,"美丽中国"的目标被提出来后,"今日图表"迅速回顾了过去10年中、欧、美几大经济体的能源消耗变化,发现中国的能耗迅速上涨,试图提供"美丽中国"的新闻背景。数据化的呈现方式,不仅使得读者一目了然,其依据数据所进行的深度解读与分析也弥补了一些竞争对手如道琼斯这样的媒体集团所一直强调的新闻的深度分析。

4. 打造差异化、亲受众、创新型媒体

2017年美国数字广告市场仍是Google和Facebook领航的双寡头时代。在此背景之下,传统媒体争先恐后进驻"大平台",以期寻求新的商业合作模式。然而,彭博社首席执行官贾斯汀·史密斯(Justin Smith)提出:"对于媒体而言,一味向平台输出内容、甚至整体入驻社交平台,本身并不能构成一种明朗的盈利模式。"那些拥有强大品牌效应、良好转型环境、优质原创内容的传统媒体,在数字化转型中就会处于优势地位,也将瓜分更大的市场份额。

(1) 差异化:强调优质内容生产

目前一个广泛的趋势是,平台已经迫使媒体变得愈发商品化、趋利化,这背后是媒体对平台算法的迎合,以获得更多的流量曝光。然而,这必然也会带来媒体内容的同质化、低俗化趋势。实际上自2016年开始,平台自身的缺陷也已经逐步显现出来,未来优质内容才是重新激活用户参与的引擎。在此背景之下,传统媒体应该采取差异化品牌管理策略,摒弃对平台推荐算法的一味迎合,有效发挥和利用传统媒体的核心资源和竞争优势。其核心资源在于自采自编的专业团队、对重要新闻事件的采访通道，以及二者结合而产生的原创内容。所以，决定大多数传统媒体转型成败的关键在于，在内容深度与成本控制之间找到平衡点——实现以可持续的收入来源和合理的成本结构支撑优质内容生产。

（2）亲受众：重视移动应用研发

相比与平台进行合作，传统媒体更需要花时间和资源去建立与用户的直接联系。在移动数字媒体的大潮中，围绕自身核心资源开发新业务。彭博新闻社基于对用户潜在需求的大量调研，最终将注意力锁定在移动端应用程序的研发上。他们认为移动端应用代表了未来数字媒体移动化的转型方向。也是建立与用户密切联系的核心点。

2017年彭博社开始加大对移动端APP的投入，重新设计了其移动端APP，并计划推出一系列新应用。这些以数据为驱动，跨平台、全媒体呈现的移动应用，将专注于为用户提供个性化的信息内容。彭博媒体全球数字部总监斯科特·海温斯说："作为媒体，我们不可能把内容全都外包出去。我们当然也不会抛弃社交平台，因为通过 Facebook 也能得到很多潜在的 APP 下载量。但我们要想与用户建立直接联系，就要坚持做强 APP 的策略，否则就等于在竞争中先举起了'白旗'。"

（3）创造力：探索视频优先策略

2017年5月，彭博媒体宣布将携手推特推出首个全天候（24/7）、全球化、社交化的实时视频突发新闻网络。这一全新的实时新闻直播网络将融合彭博强大的全球化新闻采编实力和推特全球最快的新闻传播渠道于一体，其特色是将用户生成的突发新闻视频，经由彭博编辑团队进行编辑和验证，与来自世界各地的彭博记者制作的实时视频和报道进行结合。贾斯汀·史密斯（Justin Smith）表示："彭博高质量的新闻报道及其数据支持的客观性，与推特在全球范围内的即时性、互动性以及覆盖面的强大组合，将创造出全球最快、最可信的现代新闻来源。"

实际上，实时新闻直播网络的背后是彭博与推特逐步形成的"类合伙人"商业模式。这种新兴的合作方式，由彭博提供内容在推特平台播出，当视频播放积攒了一定的粉丝用户，再由彭博和推特的营销团队一起商讨，以一种平等的方式共同变现。

（二）彭博数据新闻生产模式创新

相比于传统的媒体组织，彭博集团作为商业的资讯公司，掌握着最具竞争力的数据资源。因此，彭博数据新闻发展模式是由数据驱动专业新闻业务的模式。在数据新闻的三要素中，彭博最先拥有的是"数据"，而后敏锐地意识到数据的价值远不止服务既有客户，还可以结合"技术"手段，通过"专业新闻报道技巧"形成最佳的信息呈现方式，产生更广的影响力，最终实现良性循环。因此，彭博在主营金融资讯服务的基础上，开始努力建设和完善其新闻部门，提升新闻业务能力和水平，使之更专业化。

近两年，彭博数据新闻的成果丰富，也屡屡在国际大奖评选中取得足以与专业媒体相抗衡的成绩，分析其业务发展的历程，可以将其优势之处总结为以下四点：

1. 超前的数据思维

布隆伯格在创建彭博集团之初，为公司选择的方向就是"跨界"，他说："有比我更好的交易人员和销售人员，也有比我更好的管理人员和计算机专家。但懂金融的没有我懂计算机，懂计算机的没有我懂金融，所以我给金融机构提供金融数据。"他认为当时全球经济包括美国经济正处在一个关键的转型时期，人们对资讯的及时性和准确性的需求越来越强烈，服务业的比重也变得越来越大，计算机的使用将所有的信息电子化，而后通过网络以最为简便的方式传输给用户，这将是人类经济生活的一项巨大的变革和发展的趋势。布隆伯格认为在这样的转型时期，正是需要自己这样的既懂得证券和投资又懂得计算机应用的人才。于是他把自己的新公司定位成一家用新技术为金融机构提供资讯服务的公司。这种超前的数据思维，也为日后彭博集团的发展路径奠定了基调。

2. 强大的数据支撑

从彭博新闻社基于金融数据展开专业新闻服务来看，与传统的媒体组织的数据收集相比，彭博在数据的数量、类型、价值等方面自然是无人可比的。要想从海量数据中寻找到价值，首先自然要多渠道聚合数据。彭博集团对于股票市场数据、上市公司财报、互联网等外部机构发布的公开数据，几乎做到物尽其用。彭博与全世界 250 个交易所连通，包括：纳斯达克、纽约、伦敦、东京、大阪、法兰克福、澳大利亚、多伦多、香港、赫尔辛基、瑞典、哥本哈根、意大利、马德里、新加坡、阿姆斯特丹、上海和深圳的股票、证券交易所等等。其次，彭博集团还利用收购来丰富数据资源，例如为发展彭博政府业务，彭博就收购了联邦采购数据的提供者——鹰眼出版，来为其展开政府信息业务做好铺垫。彭博还利用强大的经济后盾，和众多债券商合作，购买了多种来源的经济分析报告数据，合作商包括《华尔街日报》、中投证券、万国证券、招商证券等。

除此之外，彭博终端和彭博专业服务维系着一大批高质量的客户，彭博系统中海量的数据资源，除开商业机密性内容，都能由彭博自己的专业团队转化为可升值的数据报告。彭博社的数据报告从数据来源如地区、行业、课题、外来资讯来源等，数据用途如市场类型、公司研究、分析师专栏、投资组合研究等多方面进行分类。

除了将收集的数据进行专业的分类、分析之外，彭博经常将数据直接用于报道新闻，挖掘数据再解读出相关关系来。

目前，彭博已逐步公开其市场数据的应用编程接口（API），交易公司和软件开发人员现在可免费访问。对于市场上的第三方开发者而言，彭博的数据接口自然很有价值，而彭博也可以聚合非客户公司的数据。这些数据，同样成为彭博集团开展金融信息服务和数据新闻业务的重要根基。

3. 先进的技术团队

在数据的采集和处理技术方面，彭博集团内部设有全球产业研究服务部门，并聘用超过 100 名员工组成分析团队，提供的服务大部分与华尔街和伦敦金融城股票分析师类似，即提供金融数据及数据产品。此外，为了提高信息整合和处理效率，从而为客户做出专业判断提供依据，彭博集团还拥有一支专门的技术团队，通过软硬件的开发，将抽象的"数字"和真实世界的"事实"结合起来。举例来说，在描述某一特定时刻的市值而不是分析它形成的原因时，彭博的软件工程师编写了专门的程序，提供一些应用平台，让计算机自动定期"写出"一系列消息，以适应金融行业对信息速度与准确性的要求。

在数据呈现方面，彭博集团成立了专门的"可视化团队"（Bloomberg View）。彭博可视化数据团队虽然只有十几个人，但他们负责制作由新闻内容驱动的各种静态信息图（如条形图、柱状图、折线图和地图信息图），以及实时更新的长期产品，如"彭博亿万富豪排行榜"（the Billion）、"最好与最差排行榜"（the Best and Worst）、"州与州之间"（State by State）系列等。除了信息图制作团队，可视化团队还包括一个产品团队，拥有设计师、开发者和原型师，可以应付从新闻到设计到原型到开发的一切工作。

4. 专业的新闻生产

彭博新闻社通过近 30 年的发展壮大，已经成为一个"以实时金融数据服务为主，包括电台、电视台、新闻业和出版业等众多相关业务的金融媒体帝国"，其编采人员对市场变动高度敏感，对新闻专业主义及信息传播速度竭力追求。彭博新闻社至今已荣获超过 800 项嘉奖，并两次入围"普利策奖"决选名单。

在数据新闻生产过程中，彭博的文字记者与数据可视化团队合作，记者们的新闻专业主义不仅体现在传统的新闻叙事上，也体现在编写一篇分析或论述文章时能够判断以什么更有趣、更吸引人的方式来呈现数据。

商业资讯公司彭博集团的数据新闻发展完全奠基于其对金融数据的理解和把握。它将行业需求与相关数据整合，不断根据传播格局调整自己的服务，最终成了国际一流的金融信息服务商，同时也担负起向广大受众提供可信赖的信息产品的媒体职责。

这也说明，在数据新闻的发展之路上，新闻媒体不再具有绝对的专业优势，商业资讯公司能够在数据新闻的生产和创新上带来跨界的惊喜效果。随着融合趋势的进一步推进，对专业媒体来说，未来新闻行业所面临的来自外部的挑战和压力还将更大。

相比于以《纽约时报》为代表的传统媒体，彭博新闻依托于专业财经资讯集团，掌握着最具竞争力的数据资源和技术团队。因此，彭博新闻社代表的是"由数据驱动故事"的新闻生产模式创新。在数据新闻报道的两大要素中，彭博最先拥有的是"数据"，而后其敏锐地意识到数据的价值远不止服务既有客户，还可以结合"技术"手段，通过"专业新闻报道技巧"形成最佳的信息呈现方式，产生更广的影响力，最终实现良性循环。因此，彭博在主营金融资讯服务的基础上，开始努力建设和完善其新闻部门，提升新闻业务能力和水平,使之更为专业化。

参考文献

[1] Simon Rogers. How to Turn Numbers into Stories,Doing Journalism with Data:First Steps,Skills and Tools[EB/OL].[2018-2-1]. https://learno.net/courses/doing-journalism-with-data-first-steps-skills-and-tools.

[2] Mirko Lorenz. Data driven journalism:What is there to learn? Edited conference documentation, based on presentations of participants,Amsterdam:2010.

[3] Bradshaw P. The Inverted Pyramid of Data Journalism[EB/OL]. [2018-2-1].http://onlinejournalismblog.com/2011/07/07/the-inverted-pyramid-of-data-journalism/.

[4] 章戈浩.作为开放新闻的数据新闻——英国《卫报》的数据新闻实践[J].新闻记者,2016(6):7-13.

[5] 方洁.数据新闻概论:操作理念与案例解析[M].北京:中国人民大学出版社,2015:37.

[6] 吴旻.开放数据在英、美政府中的应用及启示[J].图书与情报,2012(1):127-130.

[7] 方洁.数据新闻概论:操作理念与案例解析[M].北京:中国人民大学出版社,2015:72.

[8] 段宏庆.中国媒体如何推进信息公开[J].中国改革,2011(9):16.

[9] Data Journalism Handbook.[EB/OL].[2018-2-1] http://datajournalismhandbook.org/

[10] 方洁.数据新闻概论:操作理念与案例解析[M].北京:中国人民大学出版社,2015:89.

[11] 方洁.数据新闻概论:操作理念与案例解析[M].北京:中国人民大学出版社,2015:90.

［12］ 方洁.数据新闻概论：操作理念与案例解析［M］.北京：中国人民大学出版社，2015：119.

［13］ 张文霖,刘夏璐,狄松.谁说菜鸟不会数据分析［M］.北京：电子工业出版社,2011：116-146.

［14］ 许向东.数据新闻：新闻报道新模式［M］.北京：中国人民大学出版社，2017：100.

［15］ 吴旻.开放数据在英美政府中的应用及启示［J］.图书与情报,2012(1)：127-130.

［16］ 周游尤.美国媒体如何找数据［EB/OL］.［2018-2-1］http：//djchina.org/2014/09/30/how-to-find-data/.

［17］ 方洁.美国融合新闻的内容与形态特征研究［J］.国际新闻界,2011(5)：28-46.

［18］ 马忠君.走进《纽约时报》互动新闻报道［J］.新闻战线,2011(11)：91.

［19］ 储宝,译.《纽约时报》：移动应用要与用户有真实交集［N］.中国新闻出版报,2015-05-05.

第三章
数据新闻生产特征及叙事模式实证研究

本章对 2012—2017 年获得"全球数据新闻奖"（Global Editors Network Data Journalism Award）提名的 413 部作品建立数据库，开展实证研究，试图以数据新闻领域最早的专业奖项作为切入点，管窥全球数据新闻业发展的基本特征，并梳理总结历届数据新闻奖评选的基础维度和发展趋势。

第二节进一步关注"数据可视化叙事"这一基础维度，对获得"数据可视化叙事"类奖项的作品进行深入分析，通过量化与质化相结合的研究，总结归纳"数据呈现"参与"新闻叙事"的四组基本模式——线性模式与延伸模式、利基模式与类比模式、组合模式与网状模式、交互模式与动画模式。

第三节基于前文对数据新闻奖历届提名作品的分析，同时结合数据新闻相关的国际会议，从前沿科技融合、主题与形式创新、生产方式变革三个方面分析国际数据新闻生产的前沿动态，总结全球数据新闻发展的未来趋势。

第一节 全球数据新闻生产的
基本特征与变化趋势

一、全球数据新闻生产的基本特征

全球数据新闻奖创立于 2012 年,是最早的为奖励杰出数据新闻作品设立的专业奖项。截至 2017 年,全球数据新闻奖历经 6 届,已有来自 44 个国家(或地区)的 413 部作品获得提名,成为全球共飨的新闻盛宴。全球数据新闻奖由谷歌基金赞助,由来自平面、数字、移动等跨媒体平台的专业评审评选,评委会主席由曾任《华尔街日报》主编、后创办 ProPublica 的著名新闻人保罗·斯蒂格(Paul Steiger)担任,并由《卫报》知名数据新闻栏目主编西蒙·罗杰斯(Simon Rogers)担纲项目主管,在全球数据新闻生产领域享有权威性、专业性。

本章对 2012—2017 年共 6 届数据新闻奖提名作品建立数据库开展实证研究,梳理全球数据新闻业发展的基本特征及前沿趋势,以期对我国数据新闻业务发展提供借鉴和参考。首先,研究通过对历届数据新闻奖提名作品进行内容分析,由浅入深地描绘全球数据新闻生产的总体形态,主要着眼于三个层面:第一,数据新闻作品的总体特征;第二,数据新闻生产者的基本特征;第三,数据新闻报道的主题及形式。

(一)数据新闻发展版图:全球扩张、欧美领先

全球数据新闻奖创立 6 年来,获得了新闻业界的广泛认可,随着奖项的影响力不断提升,报名参赛的作品成倍增长,从 2012 年的 286 项发展到 2017 年的 573 项,然而每年提名和获奖的作品数量相对稳定,2012 年提名 59 项,获奖 6 项,到 2017 年提名 63 项,

图 3-1　历届数据新闻奖提名及获奖数量

获奖 12 项(图 3-1)。

从地域分布来看,获得提名的 413 部作品分别来自 44 个国家(或地区),其中 2014 年入围国家 12 个,2017 年增至 24 个,南美洲、非洲、中东等欠发达国家也都有涉及(表 3-1),数据新闻生产在全球范围内不断扩张。就国别而言,美国 6 年共获提名 172 次,占总数的 41.6%,仅凭一国占据数量绝对优势,是全球数据新闻实践当之无愧的领头羊。其他成绩瞩目的国家如英国、德国、加拿大,也都属于传统媒体成熟的发达国家。就洲际而言,欧洲国家共获提名 138 次,占总数的 33.4%,是数据新闻最大的拥趸。

表 3-1　2012—2017 年数据新闻奖提名作品国家(或地区)统计

2012 年		2013 年		2014 年		2015 年		2016 年		2017 年	
美国	21	美国	26	美国	42	美国	33	美国	24	美国	26
英国	13	英国	15	德国	6	英国	14	英国	9	英国	6
加拿大	3	加拿大	4	阿根廷	5	德国	4	秘鲁	3	西班牙	4

(续表)

2012年		2013年		2014年		2015年		2016年		2017年	
巴西	3	德国	4	英国	5	加拿大	4	西班牙	3	德国	3
澳大利亚	3	意大利	3	瑞士	4	阿根廷	4	德国	2	巴西	3
意大利	3	法国	2	法国	3	哥斯达黎加	4	挪威	2	澳大利亚	2
德国	3	巴西	2	意大利	3	澳大利亚	2	巴基斯坦	2	印度	2
伊拉克	1	澳大利亚	2	荷兰	3	巴西	2	中国	2	法国	2
西班牙	1	阿根廷	2	加拿大	2	意大利	1	土耳其	2	哥斯达黎加	2
乌克兰	1	智利	1	哥斯达黎加	1	秘鲁	1	埃及	2	肯尼亚	2
乌干达	1	匈牙利	1	日本	1	丹麦	1	阿根廷	2	卡塔尔	2
瑞士	1	新西兰	1	巴基斯坦	1	法国	1	比利时	2	阿根廷	1
墨西哥	1	中国香港	1			印度	1	墨西哥	1	挪威	1
肯尼亚	1	委内瑞拉	1			埃及	1	玻利维亚	1	加拿大	1
芬兰	1	瑞士	1			格鲁吉亚	1	乌克兰	1	巴基斯坦	1
菲律宾	1	日本	1			瑞士	1	印度	1	瑞士	1
俄罗斯	1	罗马尼亚	1			挪威	1	法国	1	古巴	1
阿根廷	1	肯尼亚	1			日本	1	以色列	1	哥伦比亚	1
阿富汗	1	荷兰	1			土耳其	1	巴西	1	塞尔维亚	1
		哥斯达黎加	1			国际联合	1	国际联合	1	南非	1

(续表)

2012年		2013年		2014年	2015年	2016年	2017年	
		菲律宾	1				阿富汗	1
							中国	1
							马其顿	1
							乌克兰	1
共计	59		72	76	78	63	63	

另外,2016年我国媒体财新网获得最佳数据新闻网站提名,2017年《新京报》再次入围公众选择奖,表明我国数据新闻生产正逐步走向世界一流水平。值得注意的是,近年来提名中"国际调查记者联盟(International Consortium of Investigative Journalists, ICIJ)"的出现,标志着数据新闻生产打破国界,呈现出全球合作的发展趋势。

(二)数据新闻生产主体:类型多样、跨国跨界

数据新闻生产并非由媒体垄断,它的生产主体类型多样,比传统新闻要丰富得多。本研究将生产主体大致分为三类:媒体、非营利性组织、商业机构/工作室。统计数据表明,媒体仍然是数据新闻最主要的生产主体,6年共获提名299项,占总数的72.4%。其中,知名传统媒体优势明显,如《华尔街日报》仅2015年就获得了9次奖项提名。特别是实现了全球化扩张和专业化发展的媒体实力强劲。如《卫报》凭借在美、英、澳大利亚的多家分社屡获佳绩,BBC专门的可视化新闻团队(BBC News Visual Journalism)、《纽约时报》的全媒体团队(The Upshot)也成绩突出。同时,新兴网络媒体在数据新闻领域强势崛起,Quartz、BuzzFeed、Zeit Online等发展迅速,2016年FiveThirtyEight网站共获得4项提名、2项大奖,成为年度最大赢家。

非媒体类生产机构表现活跃是全球数据新闻生产的重要特征。过去6届数据新闻奖评选中,非营利性组织和商业机构/工作室分获69次、26次提名,此外大学、个人也获得了少量提名,非媒体类生产者占样本总体的27.6%,这与传统新闻生产有很大不同。其中,非营利性组织凭借各大基金会资助,与大学和行业协会合作,拥有专业人才和全球化视野,通过知识共享(Creative Commons)的方式推动了数据开放和信息传播。统计数据显示,来自美国的非营利性新闻组织共获提名44次,占该类别总数的78.6%,是当之无愧的中坚力量,其中最活跃的当属位于纽约的ProPublica。另外,商业机构/工作室如彭博社表现突出,它们通常较少涉足前端数据挖掘,而是专注于面向用户的可视化呈现,这与商业机构在新闻生产中的定位有关。值得注意的是,数据新闻生产的跨界合作特性,决定了生产主体的多样性,知名媒体与商业机构或工作室的合作成为近年常见的优秀典范,英国的数据可视化工作室Kiln和《卫报》合作在数据新闻奖评选中多次获得提名。此外,媒体与非营利性组织的密切合作成为数据公开的创新路径,2017年德国《明镜周刊》(Der Spiegel)与欧洲新闻调查协作组织(European Investigative Collaborations,EIC)关于"足球泄密"(Football Leaks)的报道获得年度调查奖提名。

广泛的跨国跨界合作是全球数据新闻生产的又一重要特征。在全球化背景下,跨国犯罪网络不断扩张,新闻报道中遇到的问题已经超越了国界,需要各国记者携手应对挑战。跨国调查团队的形成,可以排除竞争鼓励合作,解决单一地区或国家无法处理的难题。另外,全球犯罪往往政治关系复杂、数据量大,调查记者需要与国际法律专家、数据工程师等专业人士进行跨界合作,才能更好地发挥舆论监督职能。2016年亚洲深度报道大会上,《卫报》数据项目编辑本特松(Bengtssont)明确指出跨国跨界合作使新闻调查事半功倍,是未来数据新闻生产的必然选择。

近年来,全球非营利性组织"国际调查记者联盟"(International Consortium of Investigative Journalists,ICIJ)多次提名数据新闻"年度调查奖"(Investigation of the Year)。成立于1997年的国际调查记者联盟(ICIJ)隶属于公共廉政中心(Center of Public Integrity),重点关注跨国犯罪、贪腐及权利问责问题。ICIJ本身带有鲜明的"跨国"特性,由超过65个国家的190余名调查记者志愿组成;同时兼备明显的"跨界"特征,除了调查记者,还有计算机辅助报道专家、公共档案专家、事实核查员、律师等共同组成。以ICIJ为代表的跨国跨界合作是数据新闻生产的新型组织模式。2015年ICIJ的两部作品《瑞士泄露》(Swiss Leaks)、《卢森堡泄漏》(Luxembourg Leaks)双获数据新闻"年度调查奖",2016年关于"名人资产离境转移"的报道再次引发舆论风暴。

(三)数据新闻报道主题:经典议题、创新呈现

关于提名样本的议题及呈现,本研究参照学术规范,采取"全文阅览—提炼子议题—归纳总类目"的方法,统计发现,在样本总体中政治、经济、社会议题占主流。首先,政治议题最为突出,占总数的28.3%,特别是对于选举数据的挖掘分析成为新闻报道的"富矿"。此外,官员财产、政府开支等也是常见的子议题。要在热门议题中脱颖而出,需要富有创意的表达。

数据新闻2017"年度最佳数据应用奖"(News data app of the year)由民间记者联盟Electionland和非营利性新闻机构ProPublic联合打造。在2016年美国总统大选期间,Electionland组织了1 100名记者和新闻学生,使用复杂的社交媒体数据挖掘来增加验证和判断选情能力,为大选中的技术使用设置了新的

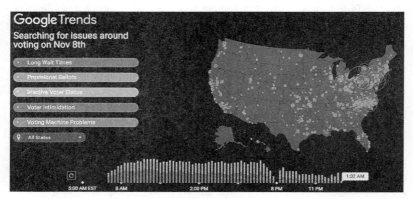

图 3-2　投票将如何改变选举结果（选自 Electionland）

高水准线。在极具争议的政治氛围中，以前所未有的规模报道了选举问题，并在某种程度上帮助验证了选举过程的严谨性（图 3-2）。

2016"年度最佳数据新闻网站"FiveThirtyEight 开创了大数据预测的经典范式，作品《如何改变选举走向》（How Would It Take to Swing the Election）同时荣获最佳数据应用奖（图 3-3）。作品用动态数据地图展示民主党、共和党获得各州支持的情况，同时配以五张交互式图表，分别代表了五个不同的族群对两党的支持比例。用户拖动图表中的坐标，改变某族群的两党支持比例，便可看到对全国局势的影响。这种呈现方式精彩直观地道出了美国总统大选背后隐藏的规律：赢得族群青睐，改变摇摆州倾向，可以改写历史。FiveThirtyEight 网站以总统大选预测见长，名称来自美国"选举人票制度"中的 538 张选票。

第二，关于经济议题的作品占样本总数的 21.6%。总体来看，经济议题有两类呈现方式比较常见：一是以时间为横轴，对行业/地区的发展与变化走势进行呈现；二是以地点为横轴，描

第三章　数据新闻生产特征及叙事模式实证研究 | 101

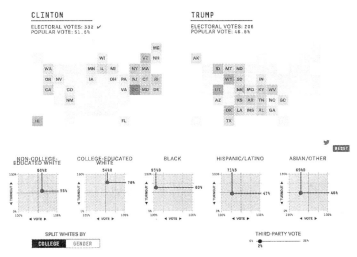

图3-3　如何改变选举走向(How Would It Take to Swing the Election)

述全球化背景下跨国贸易、人口流动等活动的流量趋势。2016年已有记者和程序员开始了VR技术与数据新闻融合的尝试，《华尔街日报》的作品《纳斯达克会再次陷入泡沫吗？》(Is Nasdaq in Another Bubble?)获得数据新闻"年度数据可视化奖"作品提名。作品不再停留于数据可视化呈现，而是突破性地应用虚拟现实技术，带领用户开启美国经济史的探索之旅。头戴Google Cardboard并将其连接至手机，程序便能追踪用户的头部及眼球运动，并提供精准的三维视像。用户犹如乘坐过山车般体验纳斯达克指数在过去21年里的跌宕起伏——感受20世纪90年代末互联网经济井喷之后的垂直降落，体验从谷底起步的不断爬升，历经20年再次达到峰值之后面临新的考验——会不会陷入了又一场泡沫危机呢？高度和速度在带来强烈震撼的同时引发用户的主动思考。

第三，数据新闻的社会议题是一个概括性类目，包含了诸多不同的主题。总的来说分为两大类：一是社会问题，包括性别歧视、种族矛盾、自杀现象等；二是社会事件，包括关注度颇高的商业泄密事件、媒体剽窃丑闻等。关于社会问题的数据新闻报道常会涉及对弱势群体的描述，2015年"总体成就奖"（General Excellence）得主——半岛电视台美国频道在报道中另辟蹊径，作品《在加利福尼亚之间》（In Between of California）放弃了大数据擅长的宏观视角，以人性化的角度切入，选择了五个贫困家庭，通过他们日常生活中的收支、预算等微观数据，讲述与贫困斗争的普通人的故事。摒弃大数据天然具备的宏大属性，以人文关怀的视角为社会议题的表达增加温度，是数据新闻叙事的创新策略。

二、数据新闻评选的基础维度与变化趋势

研究通过对历届全球数据新闻奖的奖项设置进行梳理统计（表3-2）发现，数据新闻评选从2012年的3个大类发展至2017年的11个类别，其间经历了奖项的多次拆分、重组、增减，并趋于稳定。

在不断的"变"与"不变"中，奖项设置围绕3个基础维度——"数据可视化""数据新闻应用""数据驱动调查"展开（表3-3）；包括两大类别——关于数据新闻作品和数据新闻生产者的奖项。其中，"数据驱动调查"强调数据采集、分析等大数据驱动下的新闻调查；"数据可视化"关注数据呈现和新闻叙事的关系；"数据新闻应用"是指数据驱动下的新闻应用程序，可以理解为用数据讲故事的一种新方式，因此本研究将其与"数据可视化"维度合并，作为数据新闻叙事研究的有机组成部分。

表 3-2　2012—2017 年全球数据新闻奖奖项设置统计

2012 年	2013 年	2014 年	2015 年	2016 年	2017 年
Data Visualisation and Storytelling (National/International) (Local/Regional)	Data Storytelling (Big Media/Small Media)	Journalistic Data Visualization on a Single Theme	Data Visualisation of the Year (Large Newsroom/Small Newsroom)	Data Visualisation of the Year (Large Newsroom/Small Newsroom)	Data Visualisation of the Year
Data-driven Applications (National/International) (Local/Regional)	Data-driven Applications	Data Journalism Application or Website	Best News Data App of the Year (Large Newsroom/Small Newsroom)	News Data App of the Year (Large Newsroom/Small Newsroom)	News Data App of the Year
Data-driven Investigation (National/International) (Local/Regional)	Data-driven Investigative Journalism (Big Media/Small Media)	Data-driven Investigation, Which Uses Data Collection and Analysis	Investigation of the Year (Large Newsroom/Small Newsroom)	Investigation of the Year (Large Newsroom/Small Newsroom)	Investigation of the Year
	Journalism Website or Section	Data Story or Group of Stories on a Single Topic, Online or Print	Data Journalism Website of the Year	Data Journalism Website of the Year	Data Journalism Website of the Year
		Data Journalism Portfolio (Individual)	Best Individual Portfolio	Best Individual Portfolio	Best Individual Portfolio

(续表)

2012 年	2013 年	2014 年	2015 年	2016 年	2017 年
		Data Journalism Portfolio (Team/Newsroom)	Open Data Award	Open Data	Open Data
		Small Newsroom Entry (Less Than 25 Members)	Best Entry from a Small Newsroom	Best Use of Data in a Breaking News Story (within first 36 hours)	The Chartbeat Award for the Best Use of Data in a Breaking News Story, within First 36 Hours
			General Excellence (Jurors' Choice)	General Excellence (Jurors' Choice)	Best Portfolio — Team
			Public Choice	Public Choice	Public choice
					Small Newsrooms (One or More Winners)
					Student and Young Data Journalist of the Year

表 3-3　2012—2016 年全球数据新闻奖的奖项设置与基础维度

2012 年	2013 年	2014 年	2015—2017 年
基础维度一：数据驱动调查			
Data-driven investigative journalism	Data-driven investigations	Data-driven investigation	Investigation of the Year
基础维度二：数据可视化叙事			
Storytelling with data	Data-driven storytelling	Data story; Journalistic data visualization	Data Visualization of the Year
基础维度三：数据新闻应用			
Data-driven applications	Data journalism application	Best News Data App of the Year	

6 年来全球数据新闻奖设置围绕 3 个基础维度，同时也历经了数次变化，经过了 3 个层次的更新和完善，一定程度上代表着全球数据新闻生产的发展趋势（表 3-4）。

第一，组别划分的变化。2012 年依据报道地域范围不同，参评组别分为国家（或地区）/国际组（National/International）和地方/地区组（Local/Regional）。2013 年依据创作主体规模不同，调整为大型媒体组和小型媒体组（Big Media/Small Media），并将小型媒体明确限定为成员少于 25 人的媒体，其中记者个人也可参赛。组别划分依据从报道内容到报道主体的转变，折射出对新闻生产主体的重视，对不同规模媒体的认可，特别是为小型媒体和记者个体的发展提供了机遇。另一方面，组别划分从 2013 年的大型媒体/小型媒体（Big Media/Small Media）转变到 2015 年以后的大型新闻编辑室/小型新闻编辑室（Large Newsroom/Small Newsroom），并且增设"数据新闻作品集"[Data Journalism Portfolio(Individual/Team)]

表 3-4　2014—2017 年全球数据新闻奖新设奖项

	最佳(个人)作品	最佳小型编辑室作品	总体成就	公众选择	开放数据	突发新闻数据使用
2014年	Data journalism portfolio					
2015年	Best Individual Portfolio	Best Entry from a Small Newsroom	General Excellence (Jurors' Choice)	Public Choice	Open Data Award	Best Use of Data in a Breaking News Story (within first 36 hours)
2016年	Best Individual Portfolio	Small newsroom entry	General Excellence (Jurors' Choice)	Public Choice	Open Data Award; Honorable Mention	Best Use of Data in a Breaking News Story (within first 36 hours)
2017年	Best Individual Portfolio; Student and young data journalist of the year	Small newsroom	Best team portfolio	Public Choice Award	Open Data	The Chartbeat award for the best use of data in a breaking news story, within first 36 hours

奖项,从"媒体"到"新闻编辑室+新闻作品集"的转变,体现出数据新闻的创作主体不再局限为媒体,而是呈现出多元化趋势。

第二,评奖视角和权力中心的转移。2014 年是奖项设置变化最为明显的一年,叙事类奖项的提法被取消,裂变为多个针对不同创作主体及不同评选视角的奖项。如"最佳小型新闻编辑室"(Small newsroom entry)的出现有利于激发不同规模创作主体的积极性。"大众选择奖"(Public Choice)的设置充分体现出数据新闻的开放特性,将评选权利从权威让渡到公众手中。奖项取消并不意味着"叙事"这一基础维度不再受到关注,而是作为必要元素融入对新闻作品的总体考察之中。2017 年"总体成就奖(评委选择)"(General Excellence-Jurors' Choice)首次被取消,增设"年度最佳学生和青年数据新闻记者奖"(Student and Young Data Journalist of the Year),一方面再度弱化了专家评委对数据新闻遴选的权威地位,另一方面将青年学子和记者单列出来,充分肯定其在数据新闻生产中的贡献和潜力。

第三,增设专项奖。2015 年首次设立"开放数据奖"(Open Data Award)。2015 年全球数据新闻奖首次设立"突发新闻中的最佳数据应用奖"(Best Use of Data in a Breaking News Story),奖励突发事件后 36 小时内的数据新闻报道(表 3-4)。在此之前鲜有数据新闻专门对突发事件进行报道,甚至在专项奖设立的第一年虽有几部作品获得提名,评委会仍决定将最终获奖者保持空缺。这是因为突发新闻对时效性的迫切要求一定程度上限制了数据新闻的生产流程,而数据的收集、分析、可视化过程本身需要大量的时间投入。然而时效性乃新闻本源,专项奖的设立本身也标志着业界对数据新闻报道的更高要求。

突发事件的数据新闻报道具有重要价值。由于突发新闻往往伴随着舆论爆发,大量信息混杂着谣言在人群中传播,信息的不确定性更加容易引发群体性恐慌甚至骚乱。突发事件报道中用数据说话,能够实现比文字信息更加精准、有效的传播,能够帮助受众在第一时间获取客观、全面的信息,避免煽情报道。同时,将突发事件置于大数据基础上,还能为孤立的原子事件提供历史背景,帮助受众深入了解事件发生的社会根源。当然,要在突发事件后有限时间内做出报道,对数据新闻工作者提出了极高要求。将突发新闻的时效性与数据新闻的精确性结合起来,除了需要提前做好数据储备,还需要极高的洞察能力。

2016年"突发新闻中的最佳数据应用奖"由半岛电视台美国频道关于费城火车脱轨事故的报道获得。媒体凭借脱轨列车的地理位置数据,在事故发生36小时之内做出了列车严重超速的判断。高效报道源自提前数据储备,半岛电视台早在一年之前就开始关注美国火车超速问题,设计了一整套追踪列车轨迹的传感系统,实现每5分钟储存并上传列车地理位置数据。事故发生后,新闻编辑室先通过传感数据,快速确定事发时的列车位置及速度,次日又根据 Turf.js 和 Node.js 等复杂地理空间信息分析,筛选出经过同一弯道的其他列车数据,核实了脱轨列车严重超速的事实。2017年"突发新闻中的最佳数据应用奖"由美国国家公共电台(NPR)的《事实核查:特朗普和希拉里的首次公开辩论》(Fact Check and Full Transcript of the Final 2016 Presidential Debate)获得。在虚假新闻泛滥的世界里,新闻工作最重要的任务之一就是快速简明地对真相作出反应。NPR 在对美国总统候选人在电视辩论中的言论做事实核查时,做了一项深思熟虑、新颖而有效的工作。该机构通过收集数据和事实,对候选人进行了验证、批评或认可。它展示了新闻工作者如何运用代码来创造一种新的方式去呈现新闻事件，同时进行负责任的批评。

第二节 数据新闻的叙事模式研究

第一节对提名"全球数据新闻奖"的413部作品进行了内容分析，大致描绘出全球数据新闻生产的基本形态特征。在此基础上，梳理了历年"数据新闻奖"评选的"变"与"不变"，进一步围绕评选的基础维度对代表性作品进行深入的文本分析。第二节重点考察"数据可视化叙事"这一基础维度，对历届"数据可视化叙事"获奖作品进行深入的文本分析，力图总结出数据新闻叙事的基本模式。数据新闻叙事研究，主要关注数据新闻生产的两大要素——"数据"与"叙事"的关系，即"数据呈现"是如何参与"新闻叙事"的。

一、线性模式与延伸模式

（一）线性模式

线性叙事通常依照事件演进过程，按开端、发展、高潮、结局/影响依次展开。传统媒体语境下，新闻通常采用这种"戏剧式"的线性叙事模式。著名话语研究者梵·迪克（van Dijk）用"倒金字塔模式"概括新闻报道的基本结构，并用"树形图式"（图3-4）将其具体呈现出来。[①]

我国学者曾庆香按照中文表达习惯，用"箭头图式"（图3-5）

---

① Teun A. van Dijk. News as Discourse[M]. New Jersey: Lawrence Erlbaum AssociatesPublishers, 1988: 55.

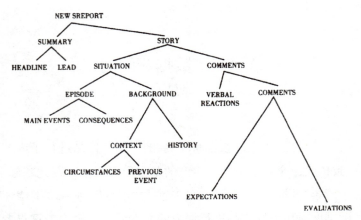

图3-4 梵·迪克的新闻叙事的树形图式

对范·迪克的"树形图式"进行了译介,清晰、明了地呈现出传统新闻报道的叙事逻辑,即按图式箭头顺序——先写标题、导语,再按时间线进行事件、反应/后果的呈现,最后交代背景、评论等情况。① 本研究基于对大量样本的文本分析发现,数据新闻虽然属于新媒体语境下的叙事范畴,但是不少优秀作品依然沿用了这种传统的线性叙事模式,而数据呈现主要应用于线性叙事的具体环节,以视觉呈现来阐释情节,帮助读者更好地理解故事。

2016"年度最佳可视化作品"《天空中的密探》(Spies in the Skies)便是线性模式的代表。报道开篇交代了美国政府安排数十架飞机在城市上空侦查的事件。虽然政府否认了大规模监视行为,声称仅限于重大案件中追踪嫌犯之用,但是律师在分析飞行数据之后明确否认了这种说法。面对这种存在争议的议题,视觉呈现比文字辩论更直观也更客观。BuzzFeed利用飞行追踪网站的

---

① 曾庆香.新闻叙事学[M].北京:中国广播电视出版社,2005:41.

第三章 数据新闻生产特征及叙事模式实证研究 | 111

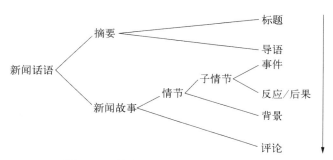

图 3-5 曾庆香的新闻叙事的箭头图式

大数据,通过动态的可视化呈现,再现了一周七天累积的飞行轨迹。动画清晰再现了工作日的飞行路线,而这些轨迹一到周末便消失殆尽,由此政府将空中监视作为常规任务的事实已经不辩自明(图 3-6)。数据可视化呈现与文字叙事互为补充,使新闻故事更加鲜活而富有冲击力。报道结合移动端适配技术,优美的空中轨迹展示出美国政府空中监视的惊人范围。接下来报道进入子情

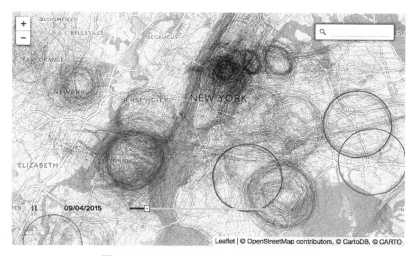

图 3-6 Buzzfeed 作品:《天空中的密探》

节呈现，具体讲述了2015年12月加利福尼亚州圣贝纳迪诺大规模枪击案中政府侦查存在的问题。最后，报道援引纽约市立大学法学教授拉姆齐·卡塞姆（Ramzi Kassem）的言论，对政府大规模空中监视现象进行反思。

可见，这一以数据可视化呈现得到业界赞誉的新闻报道，从叙事主线上来看依然延续了传统新闻的线性模式，而数据可视化呈现嵌入新闻故事的具体情节当中，拓展了叙事的层次和深度，推动了故事情节的进展。

（二）延伸模式

数据呈现不仅能对传统叙事进行阐释和补充，还能对叙事主线进行延伸，形成预测性、前瞻性报道。数据新闻中常见的预测性报道，从叙事学角度出发称之为"预述"。预述是指事情还未发生，叙述者提前进行的叙述。[①] 基于大数据的预测性体育报道、选举报道等都属于常见的延伸模式范畴。2014年巴西世界杯期间，当传统电视媒体还在为争夺转播权而战时，《纽约时报》另辟蹊径抓住了受众的注意力。数据新闻报道《美国队晋级下一轮世界杯的984种可能》（984 Ways the United States Can Advance to the Next Round of the World Cup）因其精准、实用的预测功能成为最受关注的新闻，被球迷戏称为世界杯"作弊小抄"（The USA Cheat Sheet）。基于后台大数据运算，动态矩阵图可以依据比赛实况即时更新，快速厘清小组赛中进球数与晋级形势之间的关系，帮助用户以最快的速度预测比赛晋级情况（图3-7）。预测性报道抓住了受众在重大体育赛事中的实际需求，帮助新闻媒体找到了国际体育新闻报道的新角度，其实质是依托大数据运算在传统的线性叙

---

① 曾庆香.新闻叙事学[M].北京：中国广播电视出版社，2005：56.

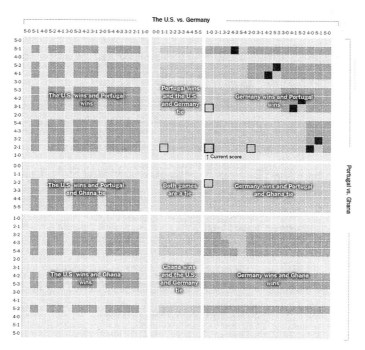

图 3-7 《纽约时报》作品:《美国队晋级下一轮世界杯的 984 种可能》

事之外进行了延伸性的报道。

数据新闻叙事的延伸模式,不再局限于描述事实的层面,而是在大数据基础上拓展叙事时空,引导读者进入更易感知的领域,从而产生强烈的情感冲击,实现更好的传播效果。2016"年度最佳公众选择奖"由国际公共电台(Public Radio International)的《叙利亚内战如果发生在你的国家会怎样》(What if the Syrian civil war happened in your country)获得。当人们对叙利亚持续多年的内战感到麻木时,报道没有再次重复战争伤亡数据,而是展开联想,别出心裁地制作了一个交互程序,请用户输入自己的国家,然后根据人口比例进行数据运算。当作者将"中国"输入对话框,程序随即显示出触目惊心的数字——如果叙利亚战争发生在中国,将有1 757万人在战争中丧生,相当于连续五年交通事故丧生人数上升13倍。延伸模式借助数据分析和运算,通过在叙事主线之外的场域展开模拟联想,帮助读者产生对新闻事件的切身感受。数据新闻报道不应仅停留在新闻的"时效性"层面,而是需要更加善于思考、富有创意的深度报道。数据新闻叙事的延伸模式可以拓展报道的预测性和前瞻性,避免单一化、扁平化的报道逻辑,创作出更加立体、多样、深入的新闻报道。[①]

二、利基模式与类比模式

(一)利基模式

"利基"本身是一个商业术语,源自英文"Niche",意指更窄地确定某些群体,用专业化经营来获取最大限度的收益。传播学者史安斌将基于大数据的利基新闻进一步阐释为经过数据筛选、整理和挖掘,转为满足不同层面受众需求的细分化、定制化的新闻资讯。数据新闻的利基模式借助新媒体平台,以直观、易用的形式向公众提供互动式服务,满足公众日益增长的知情、监督和选择的需求。[②] 利基模式是注意力经济时代,新闻产品推行个性化、定制化理念的必然要求,新闻媒体通过对用户进行分流,做到目标受众的窄分和细化,以便达到更为精准定位的目的。同时,利基模式也符合新媒体时代受众的阅听习惯,可以利用更为直观清晰的方式

[①] 孟笛.大数据时代的体育新闻报道——以《纽约时报》为例[J].中国出版,2016(22):58-61.

[②] 史安斌,廖鲽尔."数据新闻学"的发展路径与前景[J].新闻与写作,2014(2):17-20.

获取信息，满足受众的自主选择意愿和获取个人化信息的需求。①

"年度最佳数据新闻应用"（News Data App）提名作品中，属于利基模式的作品所占比重最大。例如，2015 年度获奖作品 BBC 的《你最适合哪项体育运动》（Which Sport are You Made for?）就是这一类型的典范。该作品不同于以往介绍体育运动的报道，创作者首先设置了一个 60 秒的问卷，通过对用户体型、耐力、合作能力、性格等 13 个方面的个性化测试，然后推送针对不同用户的定制化运动方案，再鼓励用户通过社交媒体进一步传播。这份"运动私房菜单"在英国网民中大受欢迎。可见面对常规选题，利用大数据为不同用户定制信息，成为数据新闻叙事的策略之一。

总体而言，利基模式表现为一种"长尾新闻"的生产运作模式，主要通过精确区分新闻市场，在新闻产品的"长尾市场"中发现传统媒体尚未关注的领域，然后集中精力进行挖掘。如果说主流新闻媒体追逐的是大多数受众的兴趣，那么利基模式追逐的则是小众市场，报道内容有针对性地吸引特定受众群体。②《长尾理论》的作者克里斯·安德森（Chris Anderson）认为："长尾的意义无非就是无限的选择，无限的选择就等于市场的终极细分。"③因此，在新闻的"长尾"中可以发掘许多对特定的、小众化的报道内容有潜在需求的利基新闻市场。实际上，利基新闻市场一直以来都是存在的，只是随着大数据技术的发展，这种细分、定制的新闻产品成本不断降低，使得人们能够更多地接触到这类新闻产品，从而使原

---

① 孟笛.数据新闻生产特征及叙事模式——基于数据新闻奖提名作品的实证研究[J].当代传播,2016(6)：23-26.
② 张建中.利基新闻网站：未来新闻业的一种模式[N].光明日报,2014-5-10(010).
③ 克里斯·安德森.长尾理论[M].北京：中信出版社,2016：2.

来看不见的利基新闻市场逐渐浮出了水面。

2013"年度最佳数据新闻应用奖"(大型媒体组)由 BBC 的《社会阶层计算器》(The Great British Class Calculator)获得。该新闻应用程序是 BBC 关于英国社会阶层专题报道的一部分。该专题报道轰动一时,主要有两大引人注目之处:第一,通过与社会学家合作,完成大型社会调查,提出英国社会阶层划分的新标准,调查数据既有科学性、权威性,还有 BBC 独家发布的原创性;第二,在原始调查数据基础上开发了这款嵌入式新闻应用程序——社会阶层计算器,吸引公众参与社会阶层调查,通过互动体验,激发公众对英国社会阶层的关注以及对自身社会现状的思考。

BBC 这项关于社会阶层的调查颠覆了英国传统上以职业为标准将阶层划分为上流、中产、劳工三类的做法。原先的阶层划标准相对片面、粗糙,与现代社会精细分工、多元发展的实际面貌已经不再匹配。因此 BBC 邀请社会学家主导,进行了一项为期两年、调查对象超过 16 万人的社会调查。这是英国历史上规模最大的社会阶层调查,在划分社会阶层时,不仅注重人们的财产收入状况(经济资本),同时也将社会交往情况(社会资本)和休闲娱乐方式(文化资本)等作为重要的分层依据,最终得出了一套将英国社会划分为 7 个阶层的新标准。[①] 关于这项社会科学调查的研究方法以及 7 个新社会阶层的阐释,BBC 的专题报道中都有相应的文字报道,而数据新闻应用程序"社会阶层计算器"的嵌入,正是为了帮助每一个独特个体寻找自己所属的社会阶层,有效提高了普通公众参与话题的兴趣,通过模拟计算器的形式,帮助公众快速获知

---

① 周婷婷,陈琳. 数据新闻实践的前沿进展——以全球"数据新闻奖"2013 年获奖作品为中心的分析[J].新闻前哨,2014(1):88-90.

自身所处的阶层(图 3-8)。在做原始调查时,每位参与者需要填写一份包括 140 多个问题的调查问卷,相当复杂冗长,这一应用程序在此基础上进行了大幅简化处理,仅保留了关于个人经济、文化、社会资本的 3 组简单问题,分列呈现在 3 个标签页面上,参与者仅需一两分钟就能完成,获得测试结果后还可随时在社交媒体上分享并发表评论。数据新闻应用程序在展示测试结果时还搭配了一张扇形演示图,直观呈现参与者在这三方面资本积累的程度。BBC 的这个专题报道在短时间内吸引了社会广泛关注,尽管也收到了一些过于简单、容易产生偏差的批评意见,但是不可否认的是,它所提供的定制式新闻在启发公众反思社会现状、参与社会问题探讨方面,影响非常广泛。

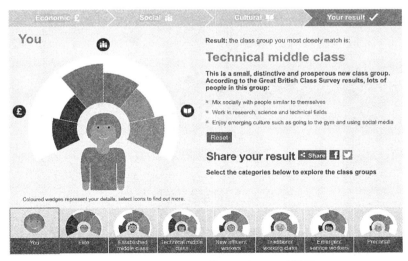

图 3-8　BBC 作品:《英国社会阶层计算器》

这种交互式数据新闻应用程序,可以为用户提供个性化、定制化的利基新闻,因而近年愈发受到欢迎。2017"年度数据可视化奖获奖作品"《汉密尔顿的韵律》(The Rhymes Behind Hamilton)是一个堪称伟大的数据可视化作品。《华尔街日报》的图形团队通过算法开发,对百老汇轰动一时的音乐剧《汉密尔顿》的复杂押韵结构进行了识别,做出令人拍案叫绝的可视化动态呈现。除此之外,文末还加入了"歌词计算器",邀请用户把自己感兴趣的歌词填进去,获得歌词里韵律的"秘密"。下图为作者将碧昂斯流行歌曲输入"歌词计算器",得到的动态图形截屏(图 3-9)。

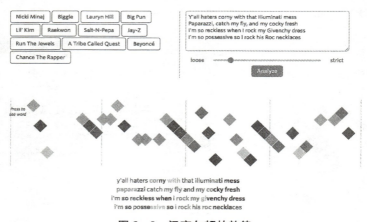

图 3-9 汉密尔顿的韵律

数据新闻叙事的利基模式是在大数据基础上根据用户个人信息为其生产的定制化新闻,以实现最大限度地吸引新媒体用户的注意力。对于未来新闻业的发展和创新而言,利基模式中蕴含着极大的机会,就像克里斯·安德森所言——"这类利基产品是地图上找不到的伟大宝藏,蕴藏着许许多多过去认为没有经济效益而未能登上台面的产品。"

(二) 类比模式

如果说数据新闻的利基模式是根据"变量"为用户定制专属信息；那么类比模式则是根据"变量"列举不同类别的相关信息，进行比较并发现规律。传播学者史安斌提出，所谓"类比模式"是指使用量化、质化等社会科学的研究方法，根据报道主题确定相关的"变量"，针对这些"变量"挖掘不同类别和层面（例如，不同时间、不同国家等）的相关数据，让受众通过直观化、互动化的手段进行横向或纵向的类比，促使他们在全球视野下和充分知情的基础上进行理性分析，以免做出"标签"式的臆断或产生"坐井观天"式的偏见。① 与提供个人化、定制化信息服务的"利基模式"相比，"类比模式"旨在引导受众寻找数据当中蕴藏的"洞见"，提升全球公民意识和媒介素养。基于大数据的类比，可以发现事物之间隐藏的关系，再通过可视化呈现，将这种隐而未现的关系呈现出来，服务于新闻叙事。数据可视化作为图像叙事不同于文字叙事之处在于，其"借助物理图像的时间性、空间性张力，并凭借人的视知觉及想象力形成图像群落并加以串接来完成，它的结构是按照叙事文本或制作者意念进行选择与组合的结果，很多情况下表现为一种分散性的点状叙事模式"。②

1. 类比展示时间趋势

这种基于数据的图像叙事，不仅能够把同一对象在不同时间的表现串联起来并发现历时性规律；还能表现同一时间内不同对象的类比，兼备历时性和共时性的特点。图像叙事的历时性，是指

---

① 史安斌,廖鲽尔."数据新闻学"的发展路径与前景[J].新闻与写作,2014(2): 17-20.

② 杨义.中国叙事学[M].北京：人民出版社,2009: 35.

同一对象在不同时间中纵向展开,因为叙事作品本质上就是讲述故事,而讲故事的方式本身就意味着时间的过程。① 2015年度世界资源协会(World Recourses Institute)凭借数据新闻作品《二氧化碳的过去、现在和未来》获得"年度最佳小型新闻编辑室奖"。该作品就是典型的通过观看时间线上的信息来发掘复杂的新闻故事。从标题就可以看出,这个作品以过去、现在、未来的时间线,用可视化展示了过去150年间的二氧化碳数据,来告诉人们二氧化碳的全球危机(图3-10)。

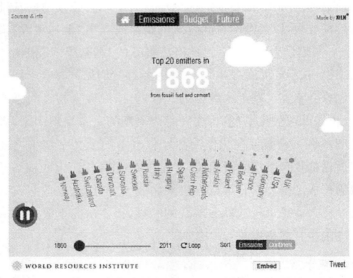

图3-10 世界资源协会《二氧化碳的过去、现在和未来》

这个作品已经做成了只需要按播放键就可以播放内容的视频模式,但在播放的中途读者也可以停下来自行探索信息。如

---

① Nathan Yau.鲜活的数据:数据可视化指南[M].向怡宁,译.北京:人民邮电出版社,2012:49.

图 3-10 所示,在绿色地球的表面,20 个以烟囱和国家名相连的图示排列着,不同的颜色代表不同的大洲,而画面中央的文字告诉读者,这是"某某年,在矿物燃料和水泥中排放的前 20 名"。在底部有一个从 1860 年到 2011 年的进度条,顶面设计有三个可选择的图表,分别代表排放情况、预算占用情况和未来。这三个部分使得故事情节能够连贯地进行,前后情节由不同的形式做出区分,一个部分代表了一个叙事系列,由前面的二氧化碳排放情况很自然地分析推断出未来的情况,从而构成一个完整的新闻叙事。

第一部分展示的就是这 150 年间二氧化碳排放情况,随着画面最中间现实的年代变化,这 20 个国家的排位也一直在变化,同时每变化一次还有相应比例大小代表二氧化碳的气泡升空后消失,排放的二氧化碳越多,气泡越大。在这里还有一个叙述时距的问题,由于 1860—2011 年有长达 150 年的时间,如果每年都展示,既没有那么多时间,也没有必要。作者从工业革命时二氧化碳开始增多的 10 年即 1860—1870 年,和最近的 5 年 2005—2011 年是逐年展示,1870—1970 年的 100 年间是每 10 年一次变化,1970—2005 年是每 5 年变化一次。由此可见,在可视化的时间表现上也可以像文字一样有变化、有节奏,依据这些手段来突出重点,更好地讲故事。

在第二部分,编辑把已排放二氧化碳量占全球二氧化碳的预算比例按照第一部分同样的方式根据时间而变化。而在第三部分,编辑做了在数据新闻中很常见的预测报道,从叙事学角度称之为预述。预述是指事情还没发生,叙述者就提前进行叙述。在这里,依据到 2011 年截止的二氧化碳排放的数据和趋势,编辑根据人类不用的处理二氧化碳问题的方式给出了两种预测:

一种是若按之前150年的做法不改变,在现有的趋势下,到2033年,所有排放的二氧化碳的总体数量将超过全球所能承受的极限;而第二种是人们若采取一定的变革性的改变,那么二氧化碳的总量将不会那么快达到预算值,直到2080年,二氧化碳还会走向下降的趋势。编辑以这样预述的方式,使得数据新闻不仅仅是对过去发生的事情的叙述,依据科学的数据和技术进行分析,新闻还能对尚未发生的事情进行预测,可视化的方式也能给人们留下深刻的印象。

2. 类比展示比例关系

除了跟时间相关的数据类比能够发现有价值的新闻故事,其他的更多数据类比都可以发掘出新闻价值。比例关系是数据之间最常见的关系。对于比例关系,最重要的就是用图表来表示比例分配。表现比例的图形有饼图、圆环形图、柱状图、堆叠面积图以及折线图等。在诸多表现手法当中,最重要的选择依据是能否把新闻故事讲述完整,如何把新闻故事讲得精彩。比例分布与其他数据的区别在于比例加起来是一个整体,每个数据单独也都有意义,这样可视化才能讲出故事来。ProPublica的获奖作品《治疗追踪:医疗保险中的医生和服务》,就是用许多比例图揭示了在美国医疗保险中的不同的服务(图3-11)。

3. 类比展示差异关系

面对繁杂的数据,很重要的一点在于找到某一"变量"在不同条件下的"差异",从而发现问题,挖掘出有价值的新闻点。2017年"度新闻调查奖"由加拿大《环球邮报》的系列报道《无据可依》(Unfounded)获得(图3-12)。经过长达20个月的调查,《环球邮报》记者发现国内将近五分之一的性侵报案以"Unfounded(无根据)"为由被警方撤案。更重要的是不同地区对案件认定出现明显

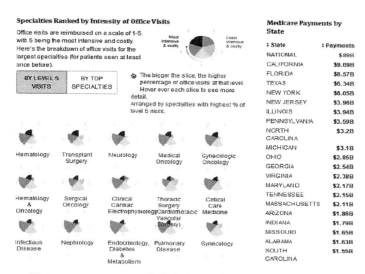

图 3-11　ProPublica《治疗追踪：医疗保险中的医生和服务》

差异。一般来说，较大的城市的"无根据"率相对来说比较低，例如温尼伯（Winnipeg，2％）、多伦多（Toronto，7％）、埃德蒙顿（Edmonton，10％）、卡尔加里（Calgary，10％），温哥华（Vancouver，13％）和蒙特利尔（Montréal，18％）等城市都低于全国平均水平。此外，西海岸地区，尤其是不列颠哥伦比亚省拥有更低的"无根据"率。与此相反的是，加拿大南部地区和安大略省农村地区的性侵指控"无根据"率要高于全国平均水平。安大略省警察局将性侵指控定案为"无根据"的比率甚至高达34％。对于如此高的"无根据"率和如此巨大的地区差异，专家认为这反映出加拿大国家司法系统的问题。报道正是以这种类比发现的"地区差异"作为突破口，进而不断追问执法系统的漏洞与责任，引发了全国舆论热潮，并最终促成了公共政策上的系列改变。

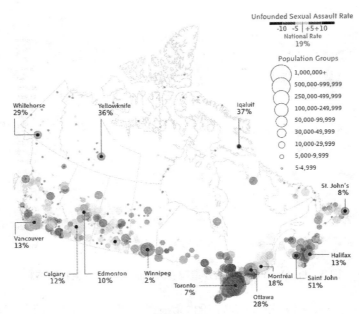

图 3-12 《环球邮报》的作品：《无据可依》

4. 类比展示关联关系

人们最常见的数据关系是差异性和关联性。差异性能够帮助我们发现问题，而关联性则能够解决问题，提供"为什么"层面的解释。关联性是指一件事情发生时，会有另一件事情跟着变化。在可视化呈现中，展示关联性可以使用散点图、多重散点图、气泡图、热力图等。2015 年《华尔街日报》的《20 世纪以来与传染病的斗争：疫苗的影响》（Infectious Diseases in the 20th Century: The Impact of Vaccines）通过对政府数据的可视化呈现，引导了公众舆论转向，荣获当年 GEN 数据新闻奖"最佳数据可视化"作品。《华尔街日报》通过对过去 70 余年 50 个州的政府数据进行可视化呈现，其中纵坐标代表感染病例数量，横坐标表示时间线，纵向黑线标记出疫苗投入的时间,这组信息图表鲜明地再现了疫苗使用与流行疾病控制的相关性(图 3 - 13)。该报道正值美国国内关于是否应该使用疫苗的论战异常激烈之时,反对派鼓吹注射疫苗会危及幼儿健康,这则数据新闻简明有力、举重若轻地说明了问题,对美国民众的疫苗观念产生了重要影响。

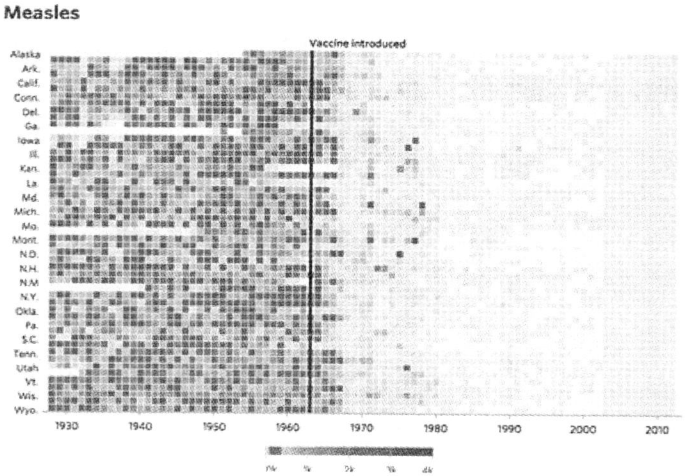

图 3 - 13 《华尔街日报》的作品:《20 世纪以来与传染病的斗争:疫苗的影响》

(三)组合模式与网状模式

新媒体时代的新闻叙事模式发生了很大变化,传播学者曾庆香用"蜂巢模式""菱形模式""钻石型模式"来总结新媒体新闻叙事,[①]其中"钻石型"针对单一篇幅的全媒体新闻报道,形容视频、音频、文字、数据地图等不同媒介的报道完美组合在一起,构成多

---

① 曾庆香.新媒体语境下的新闻叙事[J].新闻与传播研究,2014(11):48 - 59.

维立体的新闻叙事(图3-14)。文本分析发现,数据新闻更常呈现为这种立体组合的叙事模式,即一篇新闻报道被拆分为多个微内容单元①,数据呈现嵌入其中承担叙事功能,每个微内容单元各成一体,再通过关键词重新进行组合。这种组合并非线性的,而是依据主题和报道需要,类似乐高积木一样创意性地编排。读者可以自主选择自己感兴趣的主题进入阅览,不必遵守时间顺序从头到尾跟读,这契合了新媒体时代受众自主参与的阅听习惯②,也是对传统线性叙事的解构。

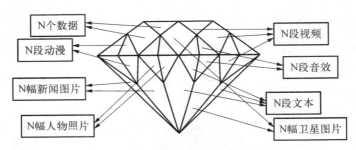

图3-14　曾庆香设计的钻石型模式

如《在加利福尼亚之间》讲述挣扎在贫困线上的家庭故事,每一个家庭代表了美国贫困问题的一个面向,数据可视化在每一个独立单元中参与叙事,受众可以选择自己感兴趣的主题自主阅读,最后五个单元组合在一起,构成美国普通市民与贫困抗争的群像。

不同于组合模式的"立体"呈现,网状模式通过"平铺"的方式呈现报道主体之间的相互关系。数据新闻中,数据不等同于数字,

---

① 方洁.美国融合新闻的内容与形态特征研究[J].国际新闻界,2011(5):28-34.
② 孟笛.美国数据新闻发展的开放与变革[J].编辑之友,2016(2):100-104.

还应包含文字、图片、音频、视频、地理位置等多种形态的信息。网状呈现的选题通常数据来源多样,由数据记者经过数据清洗,统一转化为可被计算机识别的结构化数据,再以可视化信息图呈现出来。一组交互式信息图可以代替数以万计的文字信息,便于读者从宏观上快速把握全貌。网状模式基于对多元数据的挖掘分析,强调报道主体之间的相互关联以及它们背后的逻辑关系,这种"关联"本身就是新闻叙事最大的看点。

2014年美国大学广播(WAMU)的作品《开发者的交易》(Deals for Developers)获"年度最佳数据调查奖"提名。作品通过梳理2003年来华盛顿特区选举的近10 000起政治捐款数据,绘制了一张庞大的政治捐款网络,网上的每一个节点代表官员、公司、亲属等多种身份的参与者,读者通过交互还可以获得捐款者的次级社会关系网络。该报道摒弃了政治选举议题中惯常采用的数据类比模式,创新性地将捐款者之间的相互关系作为报道的切入点,募捐背后政治集团的相互关联就是报道的主题所在。

三、交互模式与动画模式

(一)交互模式

在数据新闻的话语空间中,交互叙事是非常重要的形态。随着网络技术和图像处理技术的发展,数据可视化不仅仅表现为图表化,更多表现为交互叙事,增强用户参与体验。

在数字化时代,交互性主要有以下三种意义:"一是在虚拟空间,计算机可以通过输入、输出设备与用户互动;二是在现实空间,由传感器、激发器和计算机构成的系统可以检测到人的位置、触摸与音响并做出反应;三是就信息传播而言,计算机网络同时具备信息接受、住处发送功能,因而可以实现双向传播。"① 随着计算机、互联网以及移动网络这些新媒体技术的大力发展,新媒体艺术形态也慢慢出现,新的媒介形态的出现应有相适应的叙事模式。交互设计也有其自身的规则,以构建成交互叙事。

交互叙事并不是什么新事物,事实上,原始社会以口头传播为主、游吟诗人的叙述都是在面对面与听众的交互中实现的。这足以证明交互叙事是历史悠久的,只是后来由于书面文化、印刷文化迅速占领传播领域,交互叙事才衰落下来,不再占有主要位置。因为书面媒体和印刷媒体都是单向性叙事,不适宜于作者与读者的交往。后来的电话虽然具有交互性,但是由于缺乏保存功能而没有能够使交互叙事再次发扬光大。广播和电视虽然可以做到交互,但是仍以录播为主,而且接收终端也没有实时发布信息的功能,这些都限制了交互叙事的发展。直到数字网络技术兴起之后,交互叙事才有了广阔的发展空间,成为数字叙事研究的核心范畴。

为了全面把握交互叙事的特点,建构交互叙事的理论,瑞安(ML Ryan)将数字文本看成是一个由不同层面构成的洋葱,交互性能影响不同的层面。"那些把交互性故事看成是即成作品的人会同意外层作用的交互性;把交互性故事看成是我们能够想象但仍未捕捉到的独角兽的人,认为交互性渗透到了故事的核心。在外层,交互性关注的是故事的呈现,并且故事已经预先存在于运行的软件中;在中层,交互性关注用户在故事中的个人参与,但是故事情节仍然是预先决定了的;在内层,故事是通过用户和系统之间

---

① 维克托·麦克-舍恩伯格,肯尼斯·库克耶.大数据时代:生活、工作与思维的大变革[M].杭州:浙江人民出版社,2013:9.

的交互动态生成的。"①

而网络艺术家王波曾提出,交互是可以分为"手段性交互"和"结构性交互"的。手段性交互是指交互性只作为作品中的具体方式和手段,如鼠标经过时特效出现的互动设计。这与瑞安认为的外围交互性实际上是同一个层面的,指故事架构与交互性的界面上,这种交互性既不影响故事本身,也不能影响故事的呈现顺序。而结构性交互是指交互性作为作品结构而存在,它不是参与者可以直接看见的,而是创作者有意设计并隐藏在作品当中的。②

在数据新闻叙事中,每个层面的交互叙事都有。在现阶段,最主要的就是中层面的交互以及内层的交互。根据数据新闻叙事的需要,在数据新闻可视化叙事的交互设计中会使用不同的方式。

1. 交互中层的结构设计

首先,在交互中层即结构性交互中,构成故事的材料仍是预先设定的。但是由于文本的交互机制,文本的呈现状态是可变的,交互性叙事发生在用户和文本的对话过程中。

莫尔曾指出,"文化的表现方式其实一直在经历着重要的转型。在独一无二的作品时代,'膜拜价值'构成了作品的价值;在机械复制时代,'展示价值'构成了作品的价值;而在数字复制时代,则是'操控价值'构成了再现的价值。"③这里的"操控价值"就是针

---

① 马克·波斯特.信息方式——后结构主义与社会语境[M].范静晔,译.北京:商务印书馆,2000:25.
② 詹姆斯·费伦,皮特·拉比诺维茨.当代叙事理论指南[M]申丹,译.北京:北京大学出版社,2007:49.
③ 申丹,王丽亚.西方叙事学:经典与后经典[M].北京:北京大学出版社,2010:115.

对交互性来说的。

对于传统文字和影视叙事而言，也有一部分作者在向读者参与方面靠拢，但是终归还是以作者操控为主。在新闻领域，传统文字新闻主要也是文字记者和编辑一起完成对文本的创作。但对于数据新闻来说，虽然有一部分数据新闻还是比较多的在制作者的控制之下，但在另一方面，制作者也使用很多互动手段来引导读者积极参与生产、参与叙事。在数据新闻中，可视化的交互结构设计在此时就显得格外的重要，要从技术上为他们做出自主选择、参与创作提供条件。这实际上是对人机交互的设计，是为用户设计友好的界面，既要便于操作，又要富有魅力，体现信息控制功能与艺术创新要求的统一。在数据新闻可视化叙事中，由于一定的信息传递以及叙述不同的数据新闻故事的需要，需要平衡好制作者叙事驱动和读者自我探索之间的关系。

数据新闻最原始的"互动幻灯片模式"就是制作者主导和读者主导两者平衡的一种模式。在这种模式中，故事分为几个部分展示，就像幻灯片一样，换一张就变换一次内容。只是在数据可视化中，每张幻灯片中的内容都是读者按照自己的选择去探索和阅读的。例如，ProPublica 发布的名为《一个正在消失的星球》的数据新闻(图 3-15)，主要是讲述地球上物种灭绝的情况。在这则数据新闻中，作者在第一张幻灯片上撰写了一些介绍新闻主题的文字，并设计了一个交互手段：每按动一下鼠标，画面下方的一只乌龟就会走动一下，等乌龟完全走过画面，就出现了后面几张幻灯片分类的名称，即按照物种分为哺乳类、爬行类、鸟类和两栖动物 4 类，以及核心的数据。

翻过第一页，画面就步入到哺乳动物的主体页面(图 3-16)。画面整体上分为上下两个部分，上面的部分是一张哺乳动物的照

A Disappearing Planet

by Anna Flagg, Special to ProPublica

Animal species are going extinct anywhere from 100 to 1,000 times the rates that would be expected under natural conditions. According to Elizabeth Kolbert's *The Sixth Extinction* and other recent studies, the increase results from a variety of human-caused effects including climate change, habitat destruction, and species displacement. Today's extinction rates rival those during the mass extinction event that wiped out the dinosaurs 65 million years ago.

图 3－15　ProPublica《一个正在消失的星球》

片,加上介绍哺乳动物 5 种情况的简单图表和文字,下面的部分则是一个可以滑动显示具体数据内容的坐标轴。在坐标轴的左下角有一个"怎样阅读图表"的提示,点开图表有介绍阅读信息图的方法：滑动这个图表最下面横线上的框格,可以浏览所有哺乳动物物种的信息(一般分类方法使用门、纲、目、属、种),框格选定一定范围内的科。往上横线则是显示下面框格选定的数据信息的放大：横向代表科、竖向代表属,竖向的单个方格则代表单个的物种。不管鼠标移动到哪个位置,都会显示相应的与主题相关的信息。在互动图表的上方还有一个快速搜索的设置,只要输入任何该页面分类哺乳动物的名称,就可以在图标上迅速找到该动物的位置和相关信息。后面的三个页面都采取与之类似的模式来设计,与此形成了一个系列。

由此可见,这种互动幻灯片模式可以在制作者设定的大框架

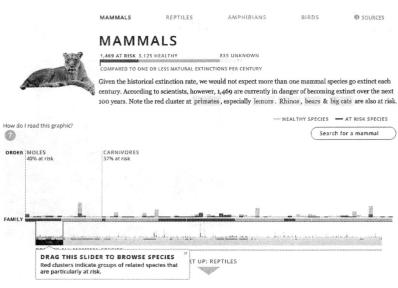

图 3-16　ProPublica《一个正在消失的星球》

之下,让读者决定浏览数据分类的路线,并且一步步完成阅读。读者可以在他完全确认已经在一个版面获得所有想知道的信息之后进入下一步,同时还能重复阅读。

2. 交互内层设计

在实时生产故事的交互内层中,故事不是预先设定好的,而是随机生成的。故事一方面来自系统的数字化运行,另一方面来自用户。程序的每一次运行都能产生不同的故事。如果说上文的中层的交互属于阅读层面的开放,那么交互内层的就属于生产层面的开放。与读者相关的数据库需要读者填入与自身有关的信息才能生成一定的文本,读者直接参与生产则是读者提供数据以制作数据新闻或是直接参与已有的数据分析。另外,与读者相关的数据库是受众卷入程度最高的,制作者根据获得的数据设计了可以写入的程序,成为新闻应用,抑或是一个已经设计好的数据库。在读者阅读的过程中需要填入一些与读者自身相关的数据,就会调出或计算出与读者相关的新闻内容,而且每个人的内容都是不同的,实现了个性化。

例如,获得 2015 年数据新闻奖"年度最佳新闻应用"的作品,由英国 BBC 的大型数据编辑室制作的《你最适合哪种运动》就是该类型的代表。如图 3-17,制作者把有关个人体重、忍受力、力量、攻击性以及身体平衡性等 13 个问题做成一张可选择的比例图,程度在 1 到 10 之间。在完成这 13 个题目之后,系统就会测算出符合被测试人的身体素质和精神能力的运动方式。这个分析的结果是非常个人化的,完全根据你选择的内容得出。分别包括你最适合的三种运动以及你最不适合的三种运动,还会有详细的有关你最适合的运动的介绍资料和相关链接。

图 3-17 BBC《你最适合哪种运动》

(二) 动画模式

数据可视化的表达形式可以分为信息图、交互性图表和动画视频三种。① 这三种形式也被沈浩等人称为静态信息图、交互式

---

① 新京报传媒研究院.新京报传媒研究第四卷:数据新闻(第 1 版)[M].北京:新世界出版社,2014:53.

信息图和动态信息图。① 三种数据可视化形式中,静态信息图是运用最普遍的,也是之前三组叙事模式大量谈及的,交互性图表和动画视频(动态信息图)代表了数据新闻叙事的未来发展方式。在交互性图表中,用户除了可控制信息图的播放和暂停外,还可自主选择自己想看的内容,被视为"从信息静态呈现到数据深度探索"的手段之一。② 其优势有:第一,信息量大,可以运用交互的优势每次展示数据的不同层面;第二,用户阅览交互性图表时参与感更强,交互式的图表给用户提供了自由探索的空间,利于从不同角度理解数据;第三,交互性图表动态效果的趣味性更强,更能吸引用户眼球;此外,交互性图表的分享功能,使用户反馈变得容易。③

动画短视频即动态信息图,也被称作"动态图形"。在数据新闻中的动画短视频形式不同于一般的动画,因为"动画的主旨是展现故事情节,重点表现人物动作;而动态图形的本质是传递信息,重点表现的是知识和数据"。与信息图相比,数据新闻的动画短视频形式摆脱了僵化的形式而更为活泼有趣,且能加入音频进行解读。④

关于数据可视化的评价标准,《数据可视化之美》一书的作者诺阿·伊林斯基指出,需要"新颖,用崭新的角度观察和解释数据;充实,不要为了设计而设计;高效,可视化要有清晰的目标,去除冗

---

① 沈浩,谈和,文蕾."数据新闻"发展与"数据新闻"教育[J].现代传播,2014(11):139-142.

② 姜日鑫,彭兰.从信息静态呈现到数据深度探索——彭博社网站的交互式信息图表应用[J].新闻界,2014(21):65-69.

③ 新京报传媒研究院.新京报传媒研究第四卷:数据新闻(第 1 版)[M].北京:新世界出版社,2014:56.

④ 李强.壹读视频:核心在于信息的解释能力[J].传媒:2015(4):13-16.

余信息;此外还要具备一定美感"。① 总的来说,能否实现轻松获取信息和用户参与感是衡量数据可视化的两个重要指标。

从方便轻松阅读来看,动画短视频更胜一筹。首先,动画短视频融合了视觉和听觉两大感官刺激,这是目前交互性图表难以做到的。其次,动画短视频的脚本幽默有趣,故事性更强。其次,动画短视频往往有人物形象,受众观看起来有代入感,更易理解。最后,动画短视频更方便在手机端阅读,比交互性图表的移动端适配性明显更优越。就用户参与感而言,交互性不足是动画短视频的一个短板。交互式设计的理念是关注受众的个性化、定制化需求。② 对受众而言,交互性强的作品在帮助受众在庞杂的信息中快速找到自己需要的信息的同时,提高受众在传播中的参与感,满足受众反馈信息和分享作品的需求。综上所述,动画短视频可看作是数据新闻发展进步的一个新阶段,虽然用户交互性不足是其最大软肋,但在未来发展中仍有广阔前景。

2012年伦敦奥运会期间《纽约时报》专题作品《与历史竞赛》(Racing Against History)提出这样一个问题——当运动员不再仅与今天伦敦赛场上的对手比拼,而是与奥运历史上所有的优秀选手竞技,结果将会如何?专题收集了自1896年首届奥运会以来三项运动(百米赛跑、百米自由泳和跳远)全部奖牌获得者的比赛成绩,并据此制作了动画短片(图3-18),在虚拟赛场上展现116年奥运史上运动健将同场竞技的壮观场面。我们清楚地看到在技术和训练的帮助下,人类站在了前人的肩上,一次一次刷新着竞赛成

---

① J. Steele, N.Iliinsky.数据可视化之美[M].北京:机械工业出版社,2011:11.
② 方洁.数据新闻概论:操作理念与案例解析[M].北京:中国人民大学出版社,2015:231.

绩，人类体能进步的累积是惊人的，按照这样的速度，未来将实现今天难以想象的速度。这样的多媒体可视化作品其数据本身并不复杂，而是借助数据发现了重新审视体育竞赛的角度，增加了体育新闻报道的历史厚度和人文思考，动画短视频的展现令人轻松"悦"读的同时，留下深刻印象。

图 3-18 《纽约时报》作品：《Racing Against History》

数据新闻的动画模式并不局限为数字卡通形象的呈现，所有视频动态呈现的数据可视化都在本研究探讨范围之列。视频的加入使得数据新闻叙事更加富有冲击力。2015 年数据新闻奖"年度最佳数据可视化作品（小型新闻编辑室）"——《博尔扎诺人民共和国》就是主要用可视化工具、视频和地图等讲述了在博尔扎诺生活的中国人各色各样的有关独立的故事。博尔扎诺是一座意大利城市，虽然来意大利生活和工作的中国人非常多，但相比于在整个意大利的中国人所占的比例，在博尔扎诺的中国人社群其实是很小的。因为没有足够多的中国人，甚至没有建成中国城，因此整个群体是支离破碎的。在这样一个几乎感觉不到中国人群存在的城市,意大利媒体却常常出现一些不友好的言论,如"中国人入侵"等等。在这期数据新闻当中,制作者除了用可靠的数据制作成可视化的图表,让读者知道这些中国人在博尔扎诺的真实情况,他还采访了一些实际在那里生活的中国人,让他们亲自讲自己的故事,并制作了视频,供读者自由点击阅读。

综上所述,本章通过量化与质化相结合的研究,在总体勾勒全球数据新闻发展特征与趋势的基础上,重点关注"数据可视化叙事"这一基础纬度,通过对大量优秀作品深入的文本分析,总结出数据呈现参与新闻叙事的四组基本模式——线性模式与延伸模式、利基模式与类比模式、组合模式与网状模式、交互模式与动画模式。

第三节 全球数据新闻未来发展趋势

基于前文对"全球数据新闻奖"历届提名作品的分析,加上对其他相关国际大赛的作品分析,如 GEN 国际数字媒体大赛、ONA 网络新闻奖、Kantar"信息之美"(Information is beautiful),同时结合对数据新闻相关国际会议的议题分析,如 NICAR 全美计算机辅助新闻报道协会年会、亚洲深度报道大会,本节从前沿科技融合、主题与形式创新、生产方式变革三个方面分析国际数据新闻生产的前沿动态,总结全球数据新闻发展的未来趋势。

一、数据新闻与前沿科技融合

(一)虚拟现实技术融入数据新闻报道

数据新闻丰富了新闻报道的样式,虚拟现实(Virtual Reality,

VR)技术则对传统新闻生产构成了颠覆。2016年被称为虚拟现实元年,VR与数据新闻融合的探索也已经启航。虚拟现实技术是一种建立在计算机模拟(computer-simulated)和沉浸式多媒体(immersive multimedia)技术基础之上的前沿科技,通过高度仿真地模拟现实,令用户产生身临其境的体验。[①] 理想的VR技术,可以对"情境"实现全方位的重现甚至创造,令用户产生沉浸式体验并与之产生交互。从2015年开始,VR技术在新闻生产领域取得突破性进展,美国广播电视网(ABC)、《纽约时报》、美联社(Associated Press)相继将VR技术应用于日常新闻生产。特别是《纽约时报》与谷歌合作生产头戴式设备Cardboard Set,通过情境再现给人置身新闻现场的感受,获得包括视像、声音、触感等多种感官体验。

数据新闻与虚拟现实新闻都依托于前沿科技驱动,诉诸于视觉传播,然而将VR技术融入数据新闻生产的实践却一直发展缓慢。主要挑战在于二者传播模式的差异——数据可视化将抽象的数字转化为直观图形让人一目了然地获取信息,虚拟现实则更注重临场感的创造,给人以沉浸式体验。然而,任何优质的新闻作品都应该让读者参与其中,两者的结合点就在于对"交互性"的共同追求。随着数据新闻可视化叙事的发展,交互式信息图已经被用户普遍接受,与虚拟现实技术的进一步融合能够使交互体验变得更加如临其境,给人以全方位的感受。

2016年已有记者和程序员开始了VR技术与数据新闻融合的尝试,《华尔街日报》的《纳斯达克会再次陷入泡沫吗?》(Is

---

① 常江.虚拟现实新闻:范式革命与观念困境[J].中国出版,2016(10):8-11.

Nasdaq in Another Bubble?)获全球数据新闻"年度可视化作品"(Data Visualization of the Year)提名。作品不再停留于数据可视化呈现,而是突破性地应用虚拟现实技术,带领用户开启美国经济史的探索之旅。头戴谷歌纸盒(Google Cardboard)并将其连接至手机,程序便能追踪用户的头部及眼球运动,为其提供精准的三维视像。用户犹如乘坐过山车般体验纳斯达克指数在过去21年里的跌宕起伏——感受20世纪90年代末互联网经济井喷之后的垂直降落,体验从谷底开始的不断爬升,历经20年再次达到峰值之后面临新的考验——股市会不会陷入了又一场泡沫危机呢?高度和速度在带来强烈震撼的同时引发了用户的主动思考。

虚拟现实技术可以帮助用户与虚拟场景进行交互,更好地参与叙事。然而,并非所有的数据新闻报道都能适应VR呈现,哪些题材能够契合虚拟现实的沉浸式体验?如何应用VR技术才能使用户获得更多有效信息?怎样设计才能创造更愉悦的VR体验?这些问题已经引发了数据科学家的重视,《卫报》先锋人物、前数据新闻主编西蒙·罗杰斯(Simon Rogers)已经开始投身VR数据新闻报道,通过实践摸索生产经验,为未来发展提供策略。① 至此,虚拟现实技术与数据新闻的融合已经开启。

(二)传感器技术应用于数据新闻生产

2016年VR技术融入数据新闻报道的实践刚刚启航,传感器技术的应用已全面兴起。传感器作为一种监测装置,可以获取被测信息并以电信号的形式输出。传感器新闻(Sensor Journalism)常应用于调查性报道,特别是环境新闻,主要通过传感器收集、分

---

① Simon Rogers. How We Made VR Data Visualization. [EB/OL]. [2018-2-1].https://simonrogers.net/2016/06/20/how-we-made-a-vr-data-visualization/

析数据并进行可视化呈现。因此传感器新闻与数据新闻有着天然的共同特性——都依托于大数据，挖掘数据背后的故事和洞见。其主要区别在于数据来源的差异，传感器新闻数据来源单一，而数据新闻有政府公开、媒体调查、众包等多种数据来源。因此也有人将传感器新闻归为数据新闻的子集。传感器新闻的兴起主要基于两个因素：一是大数据时代新闻业对数据信息的需求量增大，通过传感器获取数据可以提升新闻的科学性和真实性；二是科技普及带来的传感器硬件成本降低，许多政府、企业、科研单位广泛应用传感装置，日常生活中智能手机也普遍配有定位感应系统、录音摄像装置、收集个人生理数据的 APP 等。

目前传感技术应用于数据新闻生产主要有三种类型。其一是利用公共设施中已有的传感装置，这种方式比较常见。2014 年《弗罗里达太阳哨兵报》(The Florida Sun Sentinel)关于"警车超速"的报道获得了"普利策公共服务报道奖"(Pulitzer Prize for Public Service)。作品利用高速公路电子付费系统记录的数据进行计算，指出警车普遍超速危害公众安全的现象。作品凭借无可辩驳的数据分析印证了事实，引发社会对警车超速现象的重视和重新规约。其二是利用商业网站或应用程序提供的传感数据。BuzzFeed 创作的《天空中的密探》(Spies in the Skies)荣获 Kantar 信息之美"最佳信息之美奖"(Most Beautiful)以及 GEN 数据新闻"最佳数据可视化奖"两大重要奖项。作品报道了美国政府安排数十架飞机在城市上空侦查的事件。虽然政府一直否认大规模的空中监视，声称仅限于重大案件中追踪嫌犯之用。然而航班追踪网站 Flightradar24 凭借强大的 ADS-B 自动检测系统获得了大约 200 架联邦飞机的飞行轨迹信息。媒体通过数据分析，呈现出前所未有的空中动态监视地图，由此空中监视的事实无可争辩。传感数据为调查性新闻报道提供了强有力的证据。

然而现实中要从已有的传感装置中获取数据,可能会因为政府、企业、科研单位的规章制度、自身利益、保密要求等原因,遭到拒绝或隐瞒,个人设备中的数据也可能存在隐私顾虑。[①] 因此,新闻生产者开始探索获取传感数据的新途径——自行搭建传感系统。2016年非营利性组织IndiaSpend创建了一个低成本的空气检测网络,实时获取印度主要城市的空气质量指数,并与GPRS信号传送器连接,实现自动、持续的数据传送,形成了一个实时、公开的空气检测平台。这一创作获得2016年全球数据新闻"开放数据荣誉奖"提名(Honorable Mention: Open Data)。由新闻生产者自主搭建传感装置及传送系统成为未来的发展趋势,这对资金支持、技术能力和媒介素养也提出了更高的要求。

二、数据新闻题材及形式的创新

(一)实现对突发事件的数据新闻报道

正是基于传感技术的广泛应用,实现了地理位置信息的实时检测,数据新闻报道的题材有所扩大。2015年全球数据新闻奖设立的"突发新闻中的最佳数据应用奖"(Best Use of Data in a Breaking News Story),奖励突发事件发生36小时内的数据新闻报道。2016年这一奖项由半岛电视台美国频道(AL Jazeera America)以关于费城火车脱轨事故的报道而首次摘得;同年,ONA网络新闻"突发新闻奖"(大型媒体组)由《纽约时报》获得。2015年11月,巴黎爆发了一系列恐怖袭击事件,《纽约时报》第

---

① 史安斌.传感器新闻:新闻生产的新常态[J].青年记者,2015(7): 82-83.

一时间核实数据、理清事实,结合多媒体方式报道了恐怖袭击发生3小时内的全部过程。《纽约时报》网站首先采用航拍地图视频呈现每一次袭击的地理空间,辅以时间线详细介绍人员伤亡等信息,再用数据地图的形式全面呈现一系列恐怖袭击发生的脉络和规模。在这篇突发事件报道中,全面、及时、准确的数据呈现是一个亮点。

(二)数据新闻结合游戏形式呈现

2016年全球数据新闻奖"国际数字媒体创新大赛"(Editors Lab)将"新闻游戏"(News Game)作为年度主题。在这场被誉为"新闻编辑室创新世界杯"的大赛上,来自全球12个赛区的冠军队伍济济一堂,由记者、程序员、设计师组成的三人团队,按规定在48小时内完成"新闻游戏"的原型开发、制作与展示。中国媒体财新可视化实验室在香港分赛区胜出,拿下决赛第三名的成绩。"新闻游戏"这一主题的提出,表明了国际新闻界对于游戏化呈现方式的积极探索。

新闻游戏,简单来说就是通过游戏的形态来呈现新闻。以游戏作为新闻传播的载体,是"新闻产品化"的创新思路之一。从心理学角度而言,"游戏"形式之所以为人接受甚至沉迷,本质上源于它对心理需求的满足——包括能力挑战(Competence)、自主意识(Autonomy)、与外界联结(Relatedness)的实现。[①] 移动传播时代,碎片化、浅层化成为日常阅读的基本特征,传统的叙事方式越来越难以吸引读者的长时间阅读。将数据新闻与游戏结合,借助虚拟情境的创造,引导用户代入角色,从而获得沉浸式体验。同

[①] 潘亚楠.新闻游戏:概念、动因与特征[J].新闻记者,2016(9):22-28.

时,通过在游戏中的自主选择,实现用户"定制化"信息获取,完成强交互式传播。新闻游戏极大地丰富了新闻的表现形式,帮助用户形成对新闻故事的切身体验,加深对事件背后价值的理解。

在新闻游戏的生产环节,记者和编辑通常将新闻事件及观点拆分为若干元件,然后对其核心内容进行提炼和转换,再以游戏为载体进行创作。本次大赛中,财新团队的《像市长一样思考》(Think Like a Mayor)反映经济发展与环境保护之间的平衡问题。用户进入游戏模式,将角色设定为中国某一城市的市长,在任期间将面临——给政府带来巨额税收的重污工厂是否该关停,产生大量废气的供暖设施如何改造,便民通行的私家车是否限行等一系列问题。伴随"市长"的每一项决策实施,空气质量、市民幸福程度和税收等指数会随之波动。游戏内容巧妙反映出中国环境污染问题背后一系列复杂的社会问题,揭示了城市发展受到多方因素相互制约,提出将"平衡"作为现阶段最高标准的观点。

当然,新闻游戏在报道题材上受到诸多限制。首先,如果将严肃、敏感的题材用游戏呈现,很容易招致"消费悲情"的伦理道德质疑。有学者提出"战争、灾难这类题材做成新闻游戏,是将他人苦难转换成体验者的游戏"。第二,过度的游戏化阐释与新闻专业主义精神背离。虚拟情境体验及游戏的强交互性在突显游戏本身的同时,有可能会造成新闻真实性与客观性本质的弱化。第三,对暴力或犯罪事件的游戏化呈现可能会引发相当程度的示范效应,增大社会暴力犯罪的概率。在未来发展中,无论新闻的形式如何变化,最终目的都应该是信息传播价值和效应的最大化。因此,游戏的呈现形式最终还是要回归新闻本身,将真实性作为本质属性。采用游戏形式的目的在于让更多人能设身处地了解真相。无论何时,形式都应该为内容服务,新闻游戏的终极目标在于帮助用户思考新闻事件背后的意义和价值。

三、数据新闻生产组织方式的创新

(一)跨国跨界合作渐成规模

2016年全球数据新闻奖提名机构中有一个较引人注目——"国际调查记者联盟"(International Consortium of Investigative Journalists,ICIJ),其国别一栏标明"全球性"字样。ICIJ作品《The Panama Papers》获得"年度调查奖"(Investigation of the Year),作品由《南德意志报》《卫报》、法国《世界报》等百余家媒体共同参与创作,涉及新闻史上最大的泄密事件,揭露多国名人政要创建离岸公司转移资产的秘密,堪称目前全球最大范围的跨国跨界调查,案件涉及的金额巨大、名人众多,举世震惊。特别是国际调查记者联盟的背后有约80个国家100多家媒体370名记者共同参与,历时一年跨地域、跨时区的合作生产,这种数据新闻生产组织形式的创新值得关注。

成立于1997年的国际调查记者联盟(ICIJ)是全球非营利性组织,隶属于公共廉政中心(Center of Public Integrity)。ICIJ重点关注跨国犯罪、贪腐及权利问责问题。联盟本身具备鲜明的"跨国"特性,由超过65个国家的190余名调查记者自愿组成。同时兼备明显的"跨界"特征,除了全球调查记者,还有计算机辅助报道专家、公共档案专家、事实核查员、律师等共同组成。另外ICIJ是专业性的新闻调查组织,指导委员会由业界和学界知名人士组成,包括曾任职《纽约时报》的媒体人、得克萨斯大学奥斯汀分校教授等。

跨国跨界合作是数据新闻生产的未来趋势。在全球化背景下,跨国犯罪网络不断扩张,新闻报道中遇到的问题已经超越了国界,需要各国记者携手应对挑战。跨国调查团队的形成,可以排除竞争、鼓励合作,解决单一地区或国家无法处理的难题。另外,全球犯罪往往涉及关系复杂、数据量大,调查记者需要与国际法律专家、数据工程师等专业人士进行跨界合作,才能更好地发挥舆论监督职能。2016年亚洲深度报道大会上,《卫报》数据项目编辑本特松(Bengtssont)明确指出跨国跨界合作使数据新闻调查事半功倍,是未来新闻生产组织的必然选择。

ICIJ是跨国跨界合作的典范,在关于"名人离岸资产转移"的调查中,《南德意志报》记者首先接到情报,并展开了为期两个月的信息核查工作;由于数据量过大难以应对,于是转而向国际调查记者联盟申请帮助。ICIJ随即召集合作媒体机构,从全球招募记者参与清理和分析数据。很快近400位成员志愿加入,以网络为平台开展合作,线上会议人数曾经高达100余人。团队主要依靠加密软件做到信息即时沟通、阅后即焚,并且专门搭建了基于Unix的数据库,共享了多达2.6T的机密文件,便于成员对复杂避税网络进行交叉搜索。更加难能可贵的是,近400位成员在为期一年的合作中从未泄漏半点机密。

跨国合作是数据新闻领域的新型生产方式。ICIJ并非首次亮相国际舞台,2015年的两部作品《瑞士泄露》(Swiss Leaks)、《卢森堡泄漏》(Luxembourg Leaks)曾双获全球数据新闻"年度调查奖",2016年关于"全球政治、气候和流氓产业"的调查荣获美国网络新闻奖"调查报道 Al Neuharth 创新奖"(The Al Neuharth Innovation in Investigative Journalism Award)。另外,数据新闻领域学界和业界的跨界交流频繁,2016年英国伦敦大学(UCL)、巴西艺术与设计学院(Bezalel Academy of Arts and Design)都入选了全球数据新闻奖提名,美国北卡罗莱纳大学获得美国网络新闻奖"杰出创新视觉与数字辅助报道奖"。在我国数据新闻生产的跨界交流也很常见，财新数据可视化工作室前 CTO 黄志敏曾坦言，数据新闻领域实现了学界和业界前所未有的融合。由财新传媒、复旦大学和中美教育基金会联合举办的全国高校数据新闻大赛便是一个范例。

（二）数据新闻发展的多元人才需求

全球数据新闻奖特设"最佳个人作品奖"（Best Individual Portforlio），其评选标准可以被看作数据新闻人才需求的风向标。2016 年该奖项授予供职于 ProPublica 的华裔女性 Sisi Wei。Wei 的作品有两个特点：一是跨度大，从可视化的"外科医生积分卡"到阿富汗战争中的资金滥用，从美国的高等教育机制到中国的网络监管问题，她致力于通过数据发现国际大事与普通个体之间的关系，利用可视化形式帮助个人认识世界。二是注重形式创新，用独具匠心的设计呈现数据，讲述真实而富有意义的故事。这与她曾经一边做程序员一边在设计公司实习的经历有关。目前 Wei 在 ProPublica 兼有调查记者、程序开发员、设计师三重身份。这种具备多元技能的专业人才正是数据新闻未来发展的需求所在。

2016 年美国计算机辅助报道协会（NICAR）年会上，ProPublica 数据新闻团队负责人斯科特·克莱因（Scott Klein）开场的第一句话便是"没有人可以作为独角兽"（There is no such thing as a unicorn）。这与 ProPublica 以项目为中心的人员编制有关，他们历来按照项目进行人员分组，而非按照职业分工划分工作，因此没有所谓前端工程师、界面设计师等专职人员，通常团队中的每位成员都要"身兼多技"，形成多元人才合作的局面。这种组织方式的优势显而易见——在策划新闻选题时，记者已经参与了前期的数据搜集和清洗，对自己处理过的数据有了很好的理解，能更高效地提出选题思路。同时,"身兼多职"有利于记者从宏观入手把握全局,与只关注细节的分工方式相比,往往视野更加开阔,叙事更加完整。

未来数据新闻人才的多元化不仅局限于媒体内部,也呈现出"跨界"趋势。以 Sisi Wei 为例,媒体工作之余她还合作创办了颇具影响力的非营利性工作室"Code with me"教记者编程,同时兼任知名公益组织 Poynter 女性数字媒体研究院的客座专家。她不仅自己"身兼多技",也为数据新闻人才培养做出努力。作为纽约大学及纽约市立大学的兼职教授,她教授了一门课程,不定期举办讲座,还发表过许多文章,其中关于"新闻游戏"的探讨获得学界和业界的多次引用。国内的数据新闻领军人物黄志敏表示业界最需要"复合型人才",即在数据分析、设计与程序开发中兼备两种以上技能的人才。数据新闻生产的快速发展带来人才需求的增长,新闻院校应该顺应业界发展为培养具备数据素养的多元人才做出努力。

参考文献

[1] Teun A. van Dijk. News as Discourse[M]. New Jersey: Lawrence Erlbaum AssociatesPublishers,1988:55.
[2] 曾庆香.新闻叙事学[M].北京:中国广播电视出版社,2005:41.
[3] 曾庆香.新闻叙事学[M].北京:中国广播电视出版社,2005:56.
[4] 孟笛.大数据时代的体育新闻报道——以《纽约时报》为例[J].中国出版,2016(22):58-61.
[5] 史安斌,廖鲽尔."数据新闻学"的发展路径与前景[J].新闻与写作,2014(2):17-20.
[6] 孟笛.数据新闻生产特征及叙事模式——基于数据新闻奖提名作品的实证研究[J].当代传播,2016(6):23-26.

[7] 张建中.利基新闻网站：未来新闻业的一种模式[N].光明日报,2014-5-10(010).

[8] 克里斯·安德森.长尾理论[M].北京：中信出版社,2016：2.

[9] 周婷婷,陈琳.数据新闻实践的前沿进展——以全球"数据新闻奖"2013年获奖作品为中心的分析[J].新闻前哨,2014(1)：88-90.

[10] 杨义.中国叙事学[M].北京：人民出版社,2009：35.

[11] Nathan Yau.鲜活的数据：数据可视化指南[M].向怡宁,译.北京：人民邮电出版社,2012：49.

[12] 曾庆香.新媒体语境下的新闻叙事[J].新闻与传播研究,2014(11)：48-59.

[13] 方洁.美国融合新闻的内容与形态特征研究[J].国际新闻界,2011(5)：28-34.

[14] 孟笛.美国数据新闻发展的开放与变革[J].编辑之友,2016(2)：100-104.

[15] 维克托·麦克-舍恩伯格,肯尼斯·库克耶.大数据时代：生活、工作与思维的大变革[M].杭州：浙江人民出版社,2013：9.

[16] 马克·波斯特.信息方式——后结构主义与社会语境[M].范静哗,译.北京：商务印书馆,2000：25.

[17] 詹姆斯·费伦,皮特·拉比诺维茨.当代叙事理论指南[M]申丹,译,北京：北京大学出版社,2007：49.

[18] 申丹,王丽亚.西方叙事学：经典与后经典[M].北京：北京大学出版社,2010：115.

[19] 新京报传媒研究院.新京报传媒研究第四卷：数据新闻(第1版)[M].北京：新世界出版社,2014：53.

[20] 沈浩,谈和,文蕾."数据新闻"发展与"数据新闻"教育[J].现代传播,2014(11)：139-142.

[21] 姜日鑫,彭兰.从信息静态呈现到数据深度探索——彭博社网站的交互式信息图表应用[J].新闻界,2014(21)：65-69.

[22] 新京报传媒研究院.新京报传媒研究第四卷:数据新闻(第1版)[M].北京:新世界出版社,2014:56.

[23] 李强.壹读视频:核心在于信息的解释能力[J].传媒:2015(4):13-16.

[24] J. Steele, N. Iliinsky. 数据可视化之美[M].北京:机械工业出版社,2011:11.

[25] 方洁.数据新闻概论:操作理念与案例解析[M].北京:中国人民大学出版社,2015:231.

[26] 常江.虚拟现实新闻:范式革命与观念困境[J].中国出版,2016(10):8-11.

[27] Simon Rogers. How We Made VR Data Visualization. [EB/OL]. [2018-2-1]. https://simonrogers.net/2016/06/20/how-we-made-a-vr-data-visualization/

[28] 史安斌.传感器新闻:新闻生产的新常态[J].青年记者,2015(7):82-83.

[29] 潘亚楠.新闻游戏:概念、动因与特征[J].新闻记者,2016(9):22-28.

第四章
国内数据新闻发展的现状及启示

  海外数据新闻业务的快速发展为我国传媒业转型带来了活力和憧憬,国内数据新闻兴起与海外数据新闻发展几乎是同步的。2012年,网易《数读》是国内最早的数据新闻专栏。本章关注国内数据新闻的发展现状、独特属性、存在问题及应对策略。

  遵循从宏观到微观,从总体到个体的基本原则,第一节首先梳理了传统媒体、新兴媒体、专业媒体国内这三种不同类型媒体的数据新闻实践;第二节以具有中国特色的"两会"数据新闻报道为切入点,基于内容分析总结7家不同媒体数据新闻报道的特征及问题;第三节聚焦上海本土财经媒体发展策略,通过个案研究勾勒出"DT财经"的独特定位、发展现状及启示,并对国内财经新媒体转型提出策略性应对方案。

第一节 国内数据新闻的发展现状及特征

  2012年,网易创办的《数读》栏目,是国内最早的数据新闻专栏。随后,新浪、腾讯、搜狐等其他门户网站也纷纷开始了对数据新闻业务的尝试。无论传统媒体、网络媒体,还是专业媒体,都遵循各自特点开始了对数据新闻的探索,下文将重点分析国内不同类型媒体发展数据新闻的现状及特征。

一、传统媒体的数据新闻实践

自 2012 年起,国内报纸、电视等传统媒体都开始了对数据新闻的探索。2012 年,以《新京报》为首,《人民日报》《南方都市报》等传统纸媒开始了数据新闻报道的尝试。电视媒体方面,中央电视台作为国内电视新闻发展的"领头羊",其对电视数据新闻的探索可以分为三个阶段。

(一)中央电视台数据新闻发展历程

1. 起步阶段——2012 年《数字十年》

2012 年 8 月,中央电视台推出党的"十八大"系列报道《数字十年》(图 4-1)。党的"十六大"以来的 10 年是我国经济社会发展取得举世瞩目成就的 10 年,节目紧紧围绕中国经济、社会、文化等领域的一系列具体数字,以别具一格的电视表现手段,展示 10 年来国家取得的辉煌成就和人民生活发生的巨大变化。

《数字十年》不同于以往枯燥的数字罗列,而是通过动画风格的呈现和客观准确的数字,深入浅出地总结了从政治、经济、文化、教育、科技、民生、健康等在全国 31 个省市自治区地方发展的十年巨变,内容通俗易懂,老少咸宜,是介绍我国国情、反映发展成果的精品节目。

2. 发展阶段——2014 年"'据'说系列"

2014 年 1 月 25 日,中央电视台晚间新闻推出《"据"说春运》特别节目,首次采用百度地图 LBS 定位的可视化大数据,播报国

图 4-1 数字十年

内春节人口迁徙情况。大数据首次以简单明了的方式,可视化展现在电视屏幕上,在节目内容生成机制、选题和报道方式等方面都具有创新意义(图 4-2)。

节目的一大亮点在于百度地图 LBS 定位,通过分析手机用户的定位信息,能够映射出手机用户的迁徙轨迹,数亿用户的迁徙轨迹就构成了一张实时变化的动态图。我国 5 亿多手机网民,而百度 LBS 开放平台的定位服务覆盖了数十万款 App,每天的位置请求数量超过数十亿,由百度 LBS 提供的定位信息数据无疑是最有说服力、最能反映出春运人口迁徙动态。此后中央电视台又陆续推出《"据"说两会》《"据"说春节》等系列节目,结合大数据阐释热点新闻。

"'据'说系列"是中央电视台与包括百度、新浪、腾讯等多家互联网企业展开数据合作的作品,开始了电视新闻中令人耳目一新的叙事方式,受到了电视观众的好评。

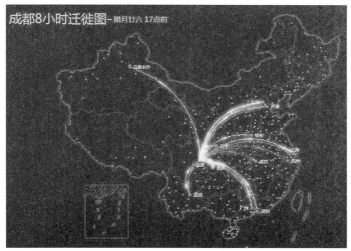

图 4-2 《"据"说春运》

3. 超越阶段——2015 年《数说命运共同体》

2013 年,习近平总书记提出了共建"丝绸之路经济带"和"21 世纪海上丝绸之路"构想,并称为"一带一路"倡议。随着政策推行,沿线国家和几十亿人民的命运更加紧密地交织在一起,为此,中央电视台推出"一带一路"特别报道《数说命运共同体》。《数说命运共同体》是中央电视台《新闻联播》《朝闻天下》《新闻30分》《新闻直播间》等栏目重磅推出的一档全新大型数据新闻节目,节目挖掘超过1亿GB的数据,分析发现"一带一路"沿线国家40多亿百姓休戚相关的新闻话题。

在数据挖掘采集方面,中央电视台新闻中心跨行业、跨领域整合多方信息源,依托国家"一带一路"数据中心、国家统计局、海关总署、世界银行、世界贸易组织等众多权威数据库,动用两台超级计算机,搭建百人原创团队,历时6个月,挖掘和提炼出隐藏在海量数据里的关联本质。让沉默的数据说话,呈现出"一带一路"国家间前所未见的联系图景。

图4-3 《数说命运共同体》

(二)中央电视台数据新闻发展的特征

中央电视台的数据新闻实践从2012年党的"十八大"系列报

道起步；到2014年"'据'说系列"一举成名；再到2015年《数说命运共同体》系列报道完善发展，历经了三个阶段的跨步前进，其数据技术、新闻叙事、团队组织等方面一直在进步，主要表现在以下几个方面：

1. 数据来源逐渐多元

《数字十年》选题围绕政治、经济、文化、教育等关于国家民生的问题，相关的数据主要来源于国家统计局。而后来的"'据'说系列"和《数说命运共同体》的数据来源主要是百度、微信和亿赞普等商业机构。到2016年新推出的"聚焦双十一特别报道"，数据来源渠道包括天猫狂欢节现场数据，京东、苏宁等电商的数据统计，淘里研究院、阿里研究院、菜鸟驿站、中国电子商务研究中心等。可见，数据来源渠道更为多元化，数据的多样性也因此得到保证。

2. 新闻叙事更加精彩

新闻报道的成功与否，很重要的一点是新闻的叙事角度，而数据新闻的叙事角度主要取决于对采集数据的分析。一则吸引人的新闻报道需要特别注意其叙事切入点和多维度的叙事视角，因此数据的挖掘程度和分析程度也就显得格外重要。《数说命运共同体》中的新闻叙事视角主要是从"现象"切入，按照"现象—原因—趋势"的逻辑展开，先是由大数据呈现新闻现象，再经由主持人的引导，找到数据背后的问题，并深入分析其原因和意义。此外节目透过数据的发展趋势进行预测性新闻报道的尝试，使数据新闻的深层化特性得以凸显。

另外在电视新闻报道中，节目编排也是影响新闻叙事的重要因素。电视新闻从业者如何"选择"与"重组"素材，也是新闻话语得以形成"过滤"和"排列"机制的原因。新闻话语结构不仅代表着特定的报道框架，还能传递出各种由话语生产者指定的"隐含"的意义。新闻文本宏观结构包括新闻的主题结构和图式结构。其中,新闻主题结构主要指报道的基本事实;而图示结构指新闻报道的具体节目编排,例如如何插入或排列标题、导语、主要事件、后果、环境、以前事件、历史、口头反应、预测及评价。[①]

本研究根据图示结构原则,对《"据"说春运》大约3分钟的电视节目进行叙事单元拆分。发现在讲述"春运迁徙"这一事件时,节目提供了"春运期间迁徙总人口""总体迁徙分布图""迁徙最热路线排行榜图"3个数据背景,重点讲述了"成都成为最热迁徙地"的核心事件,并得出了"老年人成为逆向迁徙的一股力量"的结论,再向前追溯了"小夫妻为过年回谁家纠结"的归因。在节目最后,主持人再次通过口语表达,对整个新闻事件进行了适度评价总结(表4-1)。

表4-1 《"据"说春运》片段的结构

1	导播→数据哥顾国宁
2	大数据展现大迁徙:百度手机地理位置数据
3	迁徙热门路线排行榜:北京、上海、成都
4	迁徙热门路线:成都站今年客流增幅
5	"逆向迁徙"改变春运:数据地图呈现争议
6	适度评价:主播小结

这则新闻报道基本遵循了传统叙事的逻辑,即完成了"谁迁徙""向哪里迁徙""为什么迁徙"和"以后怎么迁徙"的叙事指标。然而它借助了大量的数据,代替传统春运报道记者奔赴各大车站的采访。本身数据是无法单独完成叙事的,顶多只是一些零碎数

---

① 常江,文家宝,刘诗瑶.电视数据新闻报道的探索与尝试——以中央电视台《晚间新闻》"据"说系列报道为例[J].新南记者.2014(5):74-79.

据拼凑成新闻片段。在电视数据新闻中,由数据分析得到多个分论点,通过主持人口语播报进行串联,从而形成一个完整而生动的新闻故事。

3. 生产团队不断壮大

中央电视台开始发展数据新闻之后,也逐渐开始组建和壮大自己的数据生产团队。在一支相对完整的数据新闻团队中,大致包括选题策划、文字摄影摄像记者、影视特效师、数据编辑美术设计、电脑制图、版面编辑和网页设计等层面的人员分工。

经过2014年"据"说系列的初次尝试之后,在2015年,中央电视台邀请国际学界及业界专家,以"工作坊"的形式解析全球数据新闻获奖作品及最新案例,进行数据抓取、数据清理及数据分析等多方面的专项训练,全面提升中央电视台数据新闻团队的各方面能力。此"数据新闻工作坊"也成为孕育和孵化《数说命运共同体》等数据新闻作品的创新工场。

4. 叙事者角色变化

在传统的电视新闻报道中,主持人是新闻播报的核心,也是掌控整条新闻的关键人物。但是在电视数据新闻中,已经逐渐开始弱化主持人的重要作用,数据成为叙事主体。数据以可视化的形式直接向观众陈述新闻事实,观众甚至可以不听解说词,仅仅通过看数据信息就可以领会新闻事件的要义。在此过程中,主持人作为重要的辅助力量和数据共同完成新闻叙事的建构。①

在《数说命运共同体》中,主持人在海量数据之间发挥着"起承转合"的作用,增强了新闻叙事的逻辑性,可以加强观众对数据的

---

① 毛湛文.大数据在电视新闻中的应用:创新、问题与方向——以央视2014年大数据系列报道为例[J].电视研究,2014(12):42-45.

理解；主持人与动态图像的互动配合提升了可视化叙事的趣味性和参与性，若一整则新闻都是数据可视化的展示，则会显得相对枯燥，加入了主持人角色就解决了此问题；主持人作为数据观察员也起到了"热化"冷数据的作用，大数据经过可视化之后也还是冷冰冰的图表或视频，加入主持人的语调、语速和神情等的变化，也可以起到"热化"数据的作用；数据观察员的肢体语言区别于传统新闻节目主持人，传统新闻节目主持人是一直端坐在镜头前，而数据观察员则是行走在演播室中，也会在虚拟场景下给观众以身临其境的感觉①。

5. 数据新闻团队强化

数据新闻团队对于整个电视台的数据新闻制作起着决定成败的作用。自2012年开始在大数据新闻领域的尝试，中央电视台充分显示了其改革和创新的能力。但是有一个不容乐观的情况是它也没有形成一个单独的数据新闻的节目，这一点上已经落后于省级卫视。随着大数据在各行各业的广泛应用，数据新闻在电视媒体行业也将得到更广泛的应用，未来传媒技术的进步会为数据新闻可视化呈现带来更多的形式和创意，电视媒体与大数据的深层融合时代尚未到来，前路漫漫，而这还需进一步探索和研究。

二、网络媒体的数据新闻实践

（一）网媒数据新闻发展现状

相较于传统媒体，我国网络媒体较早开展了数据新闻实践，并且表现出"专门频道为主、专题报道为辅"的运行模式。国内探索

---

① 丁雅妮.用新闻穿越"一带一路"——解密央视新闻频道特别节目"数说命运共同体"[J].新闻与写作，2015(11)：75-77.

数据新闻业务的网络媒体主要分为3类：一是各大综合性门户网站，如网易的《数读》是国内最早的数据新闻栏目；二是搜索引擎平台，如百度，其知名度最高的莫过于"百度迁徙"项目；三是专业的财经新闻网站，如财新网的《数字说》频道代表了国内数据新闻发展的典范，本书把专业媒体单独列出来，进行详细分析。

2012年1月，网易创立《数读》栏目，这是国内最早的数据新闻专栏，定位为"用数据说话，提供轻量化的阅读体验"。随后，各大门户网站纷纷成立数据新闻专栏，如新浪《图解天下》提出，要"致力于新闻视觉化，以图达意，提供轻松直观的阅读体验"。搜狐《数字之道》提出"深度挖掘事实，体验资讯可视化的快感。"腾讯《数据控》提出"用数据解读新闻"。仅从其栏目名称和定位就可以窥探出与海外数据新闻的不同，国内数据新闻栏目的主要目标集中在"优化阅读体验"。

（二）网媒数据新闻发展特征

门户网站新闻频道设立的这些数据新闻栏目，多以网络长图表的形式发布，通过前期搜集大量信息和数据，再经过加工整理，制作成一个大专题。① 通过对四家门户网站的数据新闻栏目进行分析，我们发现其特点主要有以下两个方面：

第一，选题广泛，关注热点话题。选题涵盖时政、科普、民生、娱乐等领域。时政类选题大多是时下关注点较高的热点新闻，以综合性总结和历史性回顾为主，内容经过精心策划和筛选；以科普知识为主的选题则类目清晰、面面俱到、细致入微；民生选题内容广泛，涉及养老金、空气质量、房价上涨、食品安全等问题，与人民

---

① 方洁.数据新闻概论：操作理念与案例解析[M].北京：中国人民大学出版社，2015：67.

生活有着密切关系。这些选题大多能引起社会上的共鸣，能够吸引受众的注意力，甚至激发受众的参与意识，如转发、评论等。

第二，呈现方式以静态信息图表为主。4家门户网站多采用静态的网络长图表来展示数据新闻，动态、交互的可视化呈现方式相对比较少。该类图表除具备传统图表在信息传达上的直观、形象、间接等优势外，还具备了信息量大的特点，同时也正是因为信息量大、篇幅长，契合了网络传播和大数据的特征，使其更适合在网络上刊发。

三、专业媒体的数据新闻实践

财新网是目前国内屈指可数的原创财经新媒体之一，也是较早开展数据新闻实践的专业媒体。财新网旗下的数据可视化实验室，是结合新闻编辑和数据研发的虚拟实验室，将大数据应用于新闻采编及呈现。财新网作为国内数据新闻实践的佼佼者和代表性媒体，将其作为案例研究单列出来，有助于更好地了解我国数据新闻发展的现状及特征。

（一）财新数据可视化实验室及其运作模式

数据可视化实验室于2013年6月启动，10月8日正式上线。该实验室以"做中国最好的数据新闻团队，做世界一流的数据可视化团队"为目标，旨在推动数据可视化在中国的发展，提升中国的数据新闻生产水平，并为企业提供数据可视化服务。

1. 数据新闻团队：专业人才、技术倚重

数据可视化实验室最初的8人团队除创始人之外，主要由编辑、设计师和程序员这3类人员构成，包括编辑、记者、专业设计师各1人，余下4人皆为程序员；而在这4人中，有两人同时兼任设计师的工作。就程序员而言，其工作主要分两方面，分别是网页端制作开发和移动端制作开发,且尤其注重开发适合于移动端的数据驱动应用产品,采取移动端优先的开发原则,以迎合当前受众的媒介接触和使用习惯。数据新闻制作团队在人员构成上有别于传统新闻制作团队的最大特点就在于对专业技术人才的倚重。

2. 新闻运作模式:选题导向,协同互动

数据可视化实验室是一个虚拟部门,成员各自分布在编辑、设计和技术等部门,根据不同报道的具体特点和需求进行灵活的团队集结。

具体新闻生产是以选题为驱动的,当出现一个有价值的并适合做成数据新闻的选题时,新闻生产流程就被启动了。从选题开始,实验室内部成员之间以及实验室与财新网其他部门之间的合作就贯穿始终。选题一旦确定,将在实验室的主导之下成立一个临时的执行团队,一般为 3—4 人一组,灵活性强,成员间合作充分,工作效率高。当选题较为复杂时,除去实验室成员外,还将在财新网其他部门中选调人手进行通力合作。

例如,在 2016 年度策划《那一场不能被忘记的洪水》的可视化作品制作中,就同时集结了记者、工程师、设计师、摄影、音视频制作等来自多个部门的近 20 人团队。由此可见,数据新闻生产团队在一个媒体组织中绝不是一个独立的部门,而是媒体新闻生产的重要环节之一。除了媒体内部各部门间的通力合作之外,数据新闻生产还积极与外部开展协作互动,包括:

(1)与企业的合作,例如财新网与阿里巴巴合作,运用阿里提供的淘宝数据,制作了《天猫双十一狂欢大起底》的可视化新闻。

(2)与数据供应商的合作,为财新网的数据新闻生产提供了丰富并且较为可靠、专业的数据来源。

(3)与其他媒体的合作,这主要表现在渠道上的合作。例如,

《周永康的人与财》就是财新与新浪、网易等门户网站进行的合作。

(二) 财新网《数字说》的发展现状及特征

数字可视化实验室生产的作品均呈现在财新网《数字说》频道上,其中《周永康的人与财》荣获 2014 年腾讯传媒大奖"年度数据新闻";《青岛中石化管道爆炸事故》荣获亚洲出版业协会(SOPA)"2014 年度卓越新闻奖";《星空彩绘诺贝尔》入围英国 Information Is Beautiful Awards 奖项评选。财新网的数据新闻实践水平位列国内领先地位。在对其生产团队及运作模式进行了简单介绍和梳理后,本文将从作品产量、新闻选题、数据来源、可视化呈现等 4 个方面,对财新网《数字说》栏目进行深入分析,并总结其基本特征:

1. 数据新闻作品产量较高

财新数据可视化实验室生产的所有数据新闻作品均会实时在财新网的《数字说》栏目中进行发布。经统计,在 2017 年 1 月 1 日至 5 月 31 日期间,《数字说》频道发布数据新闻作品共计 96 件,平均每天产出 0.64 篇数据新闻作品,基本每隔 1.57 天就能产出一篇数据新闻。依靠仅数 10 人的数据新闻团队,平均每 1.57 天就要生产出一篇数据新闻作品,单纯从量上来讲不可谓不高产,这也是目前国内数据新闻发展现状的一大特点。仅围绕 2017 年"两会"这一时政热点,《数字说》就先后推出了 5 篇相关的数据新闻报道,而将视野放大到整个新闻业,我们发现,"两会"期间各大媒体发布的数据新闻作品呈现扎堆现象,本章第二节将作出进一步的分析。

2. 数据新闻选题以财经类为主

本研究对财新网《数字说》栏目 2017 年 1 月 1 日到 5 月 31 日之间的共计 96 篇作品进行了选题上的划分统计(图 4-4)。研究发现,财经类选题是《数字说》栏目的宠儿,占到50%的比重。其中以对房地产、投资、消费等与人民生活关系较为密切的新闻更容易进入重点策划的视域。当然,这也是由于此类数据的获取相对来说更为容易,公司财报、政府部门统计、数据供应商以及类似阿里巴巴等互联网商业公司等均能提供与财经内容相关的大量数据。而在整个数据新闻实践领域,财经类新闻凭借其数据的丰富性和较强的可挖掘性,一直是数据新闻报道青睐的对象。

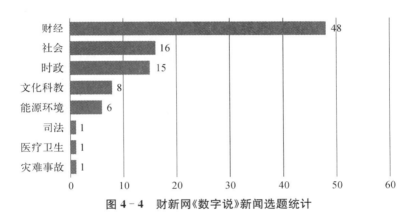

图4-4 财新网《数字说》新闻选题统计

社会类选题和时政类选题则旗鼓相当,均占到总量的16%左右。在社会类数据新闻报道中,对就业、社会平等、分配等与民众日常生活和切身利益密切相关的选题的关注较为突出,例如《中国劳动人口五年少了3 325万》《农民工继续变老平均年龄近40 两成超过50岁》《实现全球性别平等进度条已经走到68%了》《生育保险首现收支倒挂另外那"四险"呢?》等报道。这一类报道的数据来源多为政府及非官方社会组织等发布的相关报告,毕竟民生问题事关社会稳定,更易引起有关部门的关注。而这类官方调查报告严谨严肃,数据新闻在该领域的介入能帮助这类严肃但与民众关系密切的话题更好地被接受。

而在以时政为选题的报道中,政治的复杂性、宏大性等属性特点,为其自身提供了较大的挖掘空间。但由于政治话题的敏感性,数据挖掘的难度也较大。近年来,国家数据日益开放,这为数据新闻的挖掘工作排除了一些困难;而国家近年来反腐倡廉工作的开展,也为时政选题的新闻报道提供了宽松的数据收集和报道空间。在财新网的15篇时政选题的数据新闻报道中,就有3篇是国内揭丑类报道,如《"十八大"后"亿元贪官"14人 天津"武爷"涉案超5亿》;而针对国外的时政报道,也以对政治人物相关要闻、轶事的报道居多,例如《文在寅的人生轨迹:从"问题少年"到韩国总统》《特朗普上台一个月他推文里的新热词是:"假的"》等,且这类文章存在很多数据来源未标明的情况。这反映了当前就时政话题展开的数据新闻报道,在具体选题的新闻价值和严谨程度等方面还有待提高。

此外,像财新网这样新闻专业素养高的媒体,较强的新闻自采能力也为时政类选题的数据新闻报道带来了丰富的数据和内容。例如《周永康的人与财》就是基于财新网记者自主采写的66 000字的纪实报道《周永康的红与黑》制作而成的可视化新闻作品,财新网凭借这一作品获得腾讯传媒大奖首度设立的"年度数据新闻"奖,名声大噪。

3. 数据来源多样,覆盖面不足

在数据新闻报道的数据来源方面,本研究选取的96篇数据新闻样本的来源情况分布如下(图4-5):

由分布图可知,数据来源从高到低排列前三位的分别为第三方信息服务商、政府、社会组织。其中,政府数据占到22.3%,这与近年来国内的数据开放密切相关。我国于2007年通过《政府信息

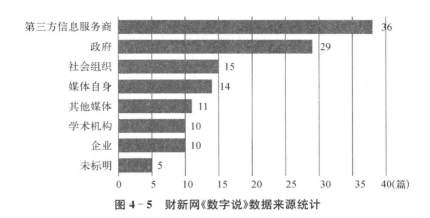

图 4-5　财新网《数字说》数据来源统计

公开条例》,于 2008 年正式实施。在国家层面上已正式上线国家统计数据库;在地方层面,北京、上海等地也已上线了各自的政府数据资源服务网。但我们也必须意识到,相比英美等西方国家,我国的信息公开程度还远远不够。

无论是数据量还是覆盖面上都不够深广。2013 年 10 月在国际组织开放政府联盟 峰会中发布的《开放数据晴雨表:2013 年开放数据全球报告》显示,中国的数据开发程度排名仅 61 位,而美国排名第 2。[①] 可见,我国的政府数据的应用潜力还亟待挖掘,这需要政府进一步提升自身透明度,推动各部门进行数据开放。同时也需要公民不断提高权利意识,自下而上提出对数据公开的要求。相信随着数据的进一步公开,我国对政府数据的开放能力和开放

---

① 刘蕊.中美财经媒体网站的数据新闻实践之现状与比较——以财新网《数字说》与彭博网《视觉数据》为例的内容分析研究[D/OL].北京:北京交通大学硕士学位论文,2015.[2018-08-01] http://kns.cnki.net/KCMS/detail/detail.aspx? dbcode=CMFD&dbname=CMFD201502&filename=1015593828.nh&v=MjYxNzRFYlBJUjhlWDFMdXhZUzdEaDFUM3FUcldNMUZyUQ1VSTEtmYitScUZDcmxXcnpMVkYyNkc3YXhIZG5ZPcDU=

深度也能更上一层楼。

从数据来源的整体分布上看，财新数据新闻报道更多依赖于外来数据，自采数据（媒体自身）仅占整体的 10.8%。对于一个专业的新闻媒体而言，自采新闻的数量和质量决定了其在新闻行业的地位；而对于数据新闻而言，深度性和调查性更是决定新闻报道质量的关键所在，且在如今数据新闻泛滥、跟风现象严重的生态下更显珍贵，而这必然需要新闻团队通力合作，对题材和数据进行深挖，方能出独家、出精品。因此，财新网若想在数据新闻领域有所突破，必须在一手数据的获取上做更大努力。

值得注意的是，在 96 个样本中，未标明数据来源的报道占到 3.8% 的比例，这提醒财新网应当更加注重数据新闻生产的规范化和专业化。对于以数据为核心驱动力的数据新闻而言，数据来源的可信度直接关系到新闻质量的优劣。

此外，在今后的数据新闻实践中，包括财新网在内的所有数字新闻生产媒体也应进一步加强数据开放理念，广泛吸纳受众参与其中，开发受众的数据生产能力和价值，以丰富新闻来源。

4. 数据可视化呈现形式较为单一

在可视化方面，96 个数据新闻作品样本中，除了 1 件作品运用了视频形式外，其余 95 件均采用了静态信息图表的呈现形式。虽然财新网曾出产过形式内容俱佳的可视化作品，如在 2016 年度策划《那一场不能被忘记的洪水》中，用到了 VR 技术、视频、图片、交互式信息图、地理信息图、柱状图、方块图、动画等一系列方式，达到了不错的表现效果，但总体来说，财新数据新闻的可视化方式仍较为单一。

当然，数据新闻的可视化也应避免走入误区，并非可视化的手段越多、形式越丰富，传播效果就越好。可视化尽管重要，但也只是新闻的一部分，要配合报道主题做适当选择，切不可喧宾夺主，削弱了新闻本身的价值。与此同时，可视化呈现方法的运用，也要充分考虑受众的阅读体验。

财新网需要不断探索不同的可视化方式的效果，以优化对内容的呈现，提升读者的阅读体验。同时也要避免将数据新闻简单等同于简单的数据可视化或新闻可视化，让可视化成了新闻的重点，却忽视了数据本身的价值。

第二节　我国"两会"数据新闻报道研究

"两会"作为全国政治大事件，同时也是媒体运用新技术、尝试新方法的角力场。数据新闻报道作为近年来兴起的新型新闻生产方式，也是这场媒体竞技的重要组成部分。本节通过对7家代表性媒体的74篇"两会"数据新闻报道进行内容分析，从报道主题、数据来源、呈现方式、传播模式等4个方面总结"两会"数据新闻的新特征及存在问题。

一、"两会"数据新闻报道的研究价值

"两会"是国家政治生态重要的周期性节点，向来是媒体精心策划、重点报道的对象，也是媒体运用新技术、尝试新方法的角力场。由于"两会"报道主题的特殊性——关注重点通常集中在"政府年度工作报告"、未来发展规划及财政预算等议题，与数据新闻生产中分析数据、呈现数据的逻辑方式相契合，因而数据新闻成为近年来"两会"报道的一种重要形式。

数据新闻在"两会"报道中的首次亮相始于2013年,新华网依托国家通讯社,最早尝试将数据新闻作为一种独立的报道形式,并对"两会"进行权威解读。2014年,中央电视台首推《两会大数据》《"据"说两会》等电视数据新闻作品,将数据可视化报道搬上荧屏。2015年,《人民日报》以媒介融合为导向推出"中央厨房"模式,数据新闻是其中的重要板块,至此,关于"两会"的数据新闻报道形成一定规模。随着技术发展与理念革新,每年的"两会"新闻报道都会呈现出新特征与新潮流。"两会"报道是媒体竞技的平台,反观这些"两会"报道也是梳理总结媒体技术发展的重要依据。

本节以2017年"两会"期间的数据新闻报道为研究对象。[①] 在样本选取方面,聚焦3类媒体的7个数字化栏目——党媒:人民网《图解新闻》、新华网《数据新闻》;传统媒体:新京报《图纸》、财新网《数字说》;新兴媒体:澎湃《美术课》、网易《数读》、腾讯《数据控》。通过对74部"两会"数据新闻作品进行内容分析(见节末附录:《2017"两会"数据新闻报道代表性作品》),从报道主题、数据来源、呈现方式、传播模式等4个方面入手,梳理总结2017年"两会"数据新闻报道呈现的新特征及新趋势,指出当前"两会"报道中存在的问题,并进行反思,以期对未来的数据新闻发展提供策略。

二、"两会"数据新闻报道的特点及问题

(一)报道主题同质化,基于数据找选题

从报道频率看,本文选取的7个代表性媒体共74篇"两会"数

---

① 本节选取2017年3月1—16日的"两会"报道,虽然"两会"正式开幕时间为3月3日,但相关报道开始于3月1日。

据新闻报道,其中人民网 23 篇、新华网 24 篇,占样本总量的 63.51%,可见党媒在重大政治议题中的重要地位。关于报道主题的类目建构,由于"两会"报道的特殊性,若按照一般新闻类别来划分难免有失偏颇,故本研究依据样本总体将其分为"政府工作报告及预算""答记者问""经济民生""用户反馈与建言""法制建设""会议日程""两会盘点"及其他共计 8 个类目(图 4-6)。

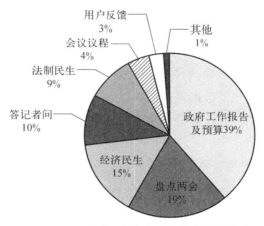

图 4-6 2017 年"两会"数据新闻报道主题分类

从报道主题看,解读"政府工作报告及预算"的报道占比最大,有 6 家媒体的 29 篇作品。然而这些报道同质化严重,内容相似、形式雷同的作品不在少数。例如,人民网和新华网都以静态信息图的方式对"全国人大及政协工作报告"进行解读,但是没有独家视角的深入分析,作品缺乏区分度。①

---

① 两组相似度很高的报道分别是:人民网的《一图速读 2017 全国人大常委会报告》和新华网的《一图速读,全国人大常委会工作报告说了啥?》;人民网的《一图看懂 2017 政协工作报告》和新华网的《一图读懂全国政协常委会工作报告》。

然而值得关注的是,以"盘点两会"为主题的14篇报道可圈可点,可以分为三个类型:一是宏观盘点,从整体上分析最受关注的热点话题,如新华网《数读2017全国两会》;二是纵向梳理,对热点议题进行历时性解读,如《新京报》的《16年来两会热点变迁》;三是个体化视角下的独家解读,以一位人大代表的参政经历串起"两会"发展史,如新华网《政协委员潘刚的五年"初心"之旅》。这些盘点类文章,基于对数据的分析和呈现,为循规蹈矩的"两会"报道找到了新颖角度。另外,关于"经济民生"的数据新闻报道比较突出,特别是财经类专业媒体,基于经济数据可以发现具体问题,从小切入点深度挖掘。例如,财新网摒弃对"两会"宏观解读的视角,着重调查了辽宁省经济数据造假问题。可见,在"两会"报道主题同质化的前提下,基于数据分析和挖掘,可以帮助专业媒体找到新视角。

(二)数据来源多样化,融媒平台显优势

在数据新闻生产中,如果说分析数据是新闻叙事的第一驱动力,那么获取数据就是新闻报道的基石。一般来说,获取数据的来源有三类:一是官方组织公开发布;二是第三方来源,包括非政府组织、学术组织、商业机构、其他媒体等;三是媒体自采数据,主要来自媒体长期的新闻调查和积累。本节对74篇"两会"报道的数据来源进行考察,研究发现:

1. 以官方公开信息为基础的报道占绝对优势

由于"两会"报道的特殊性,基于全国人大及政协工作报告、各部委网站公开数据、国家统计局年鉴等做出解读的数据新闻报道共60篇,占比高达80.1%。官方数据具有权威性、可靠性,但是并非独家数据,因而可能窄化、甚至限制新闻报道的主题与类型。信源渠道的局限,会造成数据新闻的广度、深度和原创性的匮乏,从而影响数据新闻能量的发挥与未来的发展①。

2. 吸收第三方数据,成就"两会"报道热点

样本中共有11篇报道用到了第三方平台数据。这些作品虽然数量不多,但是普遍受读者欢迎,因此值得关注。这些作品可以分为两类:

其一,利用商业咨询公司和学术机构的数据,帮助媒体发现具体议题的切入点。例如,《新京报》没有采取常规的读解《政府工作报告》的思路,而是利用了"投中研究院"发布的《2016中国互联网+创业白皮书》,从关于创业的具体问题切入进行报道。再如,财新网结合了《辽宁省统计年鉴》与"wind资讯"的经济数据,在"两会"报道中重点关注辽宁省经济数据造假的问题。此外,财新网还利用斯德哥尔摩和平研究所对中俄军费开支的估算,做了关于2017年中国军费变化的报道。这些报道因其独家原创性更加容易引发读者兴趣。正是由于数据渠道的拓宽,帮助媒体找到了解读"两会"的新视角。

其二,借助第三方网络平台数据,实现"两会"报道"从群众中来,到群众中去"。"两会"报道中,除了对政府工作、会议日程"自上而下"的报道,能够从用户视角出发,反映用户关注议题的报道并不算多。然而,了解群众需求是"两会"上传下达桥梁作用的关键一环。基于第三方网络平台的用户生产数据,可以发现普通用户关注的热点问题。在2017年"两会"报道中,人民网利用"清博大数据"梳理"两会"热门话题;新华网借助"今日头条媒体实验室"

---

① 刘义昆.大数据时代的数据新闻生产:现状、影响与反思[J].现代传播,2014(11):103-106.

的数据解读用户关注热点;腾讯利用"百度指数"揭示网友对房价关注的变化。① 第三方数据的采用,在某种程度上改变了以往新闻居高临下"自说自话"的模式,让彼此关联的数据得出相应结论,从而有助于增大新闻的可信度和精确度,为新闻增色不少。② 除此之外,媒体独家采集数据也是优秀新闻报道的重要来源。例如财新网对"两会"提案中"校园霸凌"问题的报道,来自前期对网络用户的调查问卷收集。2017年"两会"期间,财新网关于"校园霸凌"问题发表了一系列触人心弦的全媒体报道,数据可视化呈现在其中扮演着重要角色,这源于媒体对该议题的长期关注和深度调查。

特别值得关注的是,融合数据来源在"两会"报道中的使用。整合数据来源,发展平台型媒体,是媒介融合转型的关键一步。2017年"两会"数据新闻报道中,《人民日报·中央厨房》"数据社"的首次落地引人瞩目。这个独一无二的平台以传统媒体为基础,整合了多家数据机构进驻,包括贵阳大数据交易所、清博大数据、拓尔思、凡闻科技、搜狗大数据,同时还拥有多家社会化媒体上的用户生产的数据。并且,"数据社"第一次实现了媒体领域数据产品的"全渠道覆盖"。《中央厨房》生产的内容通过多家电视、网络、报纸、手机客户端等多媒体渠道,将产品送到读者手中。《中央厨房》"数据社"模式通过整合信息来源,改变了以往媒体在重大政治事件报道中"抢独家""抢头条"的局面,强调信息的共享和一次投入多渠道产出的优势,是融合数据来源的典范。2017年"两会"期

---

① 以上三篇报道分别是:人民网《两会热度》;新华网《数读2017全国两会(3月6日数据回顾)》;腾讯《从政府工作报告看十年楼市调控》。

② 曹曙婷.大数据时代的"第三方信源"[J].新闻战线,2015(6):127-128.

间,为响应媒体报道的数据需求,"数据社"每天推出 6 份不同的舆情数据,其中包括关键词、热搜词、热门话题、热门文章等,并相应附上一份由数据社和拓尔思联合发布的数据解读报告。"两会即时看"系列数据解读报告,通过舆情排行榜分析"两会"开幕日前后的"硬"领域和"软"故事,阅读量高达近 5 万。①《人民日报》"数据社"是平台型融合媒体发展的代表,它整合了最优质的数据来源,在重大实证议题报道显现出得天独厚的优势,在未来融合媒体发展中起到枢纽作用。

(三)呈现方式动态化,移动传播成主流

从呈现方式来看,2017 年"两会"数据新闻报道仍处于 1.0 阶段,即以静态信息图表为主体。动态交互的"两会"数据新闻报道处于萌芽状态。样本总体中共有 9 篇动态报道,占比 12.2%,虽未足以撼动"图解数据"为主的模式,但是个别"现象级作品"的大行其道为新闻界带来不小的震动,这些新新闻表达方式的探索代表了数据新闻发展的未来趋势,值得学界和业界关注。

1. H5 报道在移动端持续走红

H5 即 Html 超文本标记语言的第五代。由于页面内可直接标记文字、图片、链接、音乐、程序等元素,H5 语言自 2014 年 10 月公开发布以来,改变了过去靠 Flash 等多媒体插件嵌入网页的局面,为传播内容的多样化呈现提供了技术可能。H5 在媒体呈现中流行甚广主要得益于两个因素:一是触屏智能手机普及。相比PC 端,移动浏览器更为统一,可以解决网页兼容性问题。二是微信等移动社交媒体的流行,H5 报道可以通过移动端社交媒体用户

---

① 中国记协网.人民日报中央厨房首推"数据服务",成效如何?[EB/OL].[2018-2-1]. http://news.xinhuanet.com/zgjx/2017-04/01/c_136176113.htm

分享,轻松实现几何级增长的传播效应。①

自 2015 年起,H5 作品在"两会"报道中崭露头角。2015 年《人民日报》的作品《总理报告 52 次掌声响在哪儿》,背景音乐中的掌声令人身临其境,创造了前所未有的沉浸体验。2016 年开始,H5 报道在"两会"中出现爆发性增长。《人民日报》微信公众号先后推出 5 条 H5 新闻,单篇阅读量超过 10 万,累计阅读量近 2 000 万。2017 年人民网推出"动画数据新闻系列",基于 H5 策划的交互式政府工作"对账单"及"每日工单"在移动端继续受到追捧。基于 H5 技术的"两会"报道集可视化、交互性、参与性为一体,使严肃枯燥的时政新闻变得好看、好玩、接地气,满足了碎片化传播环境下,移动用户对轻量化"悦读"体验的要求。随着 H5 报道不断走向成熟,在技术基础上实现主题"软策划"成为主要目标。"两会"报道不应为了技术而技术,而要将重点放在如何利用技术完成叙事,做到更好地吸引用户、打动用户,在千篇一律的报道中脱颖而出,为用户带来震撼和启示。2017 年网易《数读》基于 H5 技术策划了《方寸间的两会简史》,这一基于移动端传播的可视化作品以"两会"发展历史为主线,用户通过指尖滑动便可以欣赏到 1949—2017 年的"两会"纪念邮票,从而串联起整个新中国发展的历史,令人耳目一新。

2. 短视频数据新闻是 2017 年"两会"报道的新热点

与静态信息图表、交互式信息图表相比,短视频新闻能够提供连续的画面,因而信息含量更大,对用户的感官冲击更强;加之口语传播和动画演示的配合,能够实现更生动的信息传递。视频类数据新闻在"两会"报道中并非首次使用。2014 年中央电视台推

---

① 余列平.数据可视化、H5、短视频,进击的新闻新表达在中国何去何从?[J]传媒评论,2015(4):9-11.

出"两会大数据"节目,通过对海量用户生产数据的挖掘,从用户角度反映百姓对"两会"的关注焦点。中央电视台的"据说"系列作品开启了数据新闻报道的多元时代。《"据"说两会》节目采用虚拟演播室中主持人口语播报与可视化图形紧密配合的基本形式。同时注重社交媒体平台的品牌传播,利用高频词汇凝聚而成的主持人头像,打造了中央电视台"数据哥"的形象,在社交媒体的传播中深入人心,成为"据说"系列的一张名片。发展至2016年,视频类数据新闻的"两会"报道已然成为许多媒体的"新标配"。

2017年"两会"报道中基于数据分析和呈现的新闻短视频呈现出新特征和新趋势。第一,移动传播盛行,移动端成为新闻短视频的主战场。3—5分钟的动态新闻短小精悍信息量大,适合移动用户随时随地阅览,拥有大量拥趸者;第二,虚拟演播室场景下的试听配合更为精准,可视化衔接更逼真。例如腾讯"数据控"创作的《从政府工作报告看十年楼市调控》,主持人动态与数据可视化衔接得天衣无缝,叙事更为流畅。第三,短视频新闻与新兴媒体技术的融合。新华社作品《换个姿势看报告》将数据可视化呈现与无人机拍摄视频结合起来,为读解《政府工作报告》提供了崭新的视角,令人印象深刻。

"两会"报道是体现媒体实力的重要平台,在大数据背景下反观历年"两会"新闻报道,可以梳理数据新闻发展的特征和趋势。本节通过对不同类别媒体的代表性作品进行细致解读,反思数据新闻发展中存在的问题和未来发展方向。基于对2017年"两会"数据新闻样本的内容分析发现:从发布频率看,党媒占绝对优势;从报道主题看,内容同质化问题严重,基于数据分析和呈现,可以另辟蹊径找到新颖切入点;从数据来源看,多源数据共存——政府公开数据、第三方发布数据、媒体自采数据各有所长,融合多种来源的数据平台是未来的发展趋势;从呈现方式来看,从 H5 交互到短视频新闻,从虚拟演播室到室外无人机拍摄的融入,对数据可视化的动态呈现趋势不断推进;从传播模式来看,移动端优势明显,移动传播将成为未来数据新闻发展的主要渠道。

附录

2017 年"两会"数据新闻报道代表性作品

	人民网《图解新闻》
1	图解:2017 年全国两会总理记者会的"12 个最"
2	图解:你关心的十个民生问题,部长们给了明确说法
3	图解:5 年新建改建农村公路 118.4 万公里,可绕地球近 30 圈
4	图解:5 年整整翻一番!农村低保标准最抢眼!
5	图解:5 年约 6 600 万人将脱贫,相当于一个法国!
6	图解:数字扫描 2017 年最高检察院工作报告
7	图解:数字扫描 2017 年最高法院工作报告
8	图解:5 年将新增约 6 400 万人就业,相当于英国人口总数
9	一图速读 2017 全国人大常委会报告
10	图解:民法总则是民法典第一步,草案这七大变化将影响你我
11	国家财政更加倾力民生
12	两会热度
13	2017 惠民生
14	图解:2017 年政府工作报告的台前幕后
15	动画数据新闻:政府的 2017 年"每日工单"
16	人民网第 16 次两会热点调查:反腐倡廉为最热
17	图解:习总书记 4 年 24 次"下团组"年年提哪 6 件大事?
18	政协一年成绩单(融两会·发布)

(续表)

人民网《图解新闻》	
19	一图读懂人大一年干了啥
20	一图看懂 2017 政协工作报告
21	图解：数字扫描公安改革两年 有哪些"带感"的实效
22	数据新闻：2016 年政府工作报告"对账单"
23	图解：给全国两会代表委员的 10 个建议
新华网《数据新闻》	
24	一图速读，全国人大常委会工作报告说了啥
25	图解外交部部长王毅记者会：带你读懂中国外交的下一步
26	图说 2017 年"国家账本"：紧密关乎你我生活
27	第十二届全国人民代表大会第五次会议日程
28	听了政府工作报告这 20 句话：心里有温暖，生活有奔头
29	政府工作报告我知道：12 个新词解读
30	政府工作报告我知道：2016 干了啥，2017 怎么干
31	一图读懂十二届全国人大五次会议新闻发布会
32	全国政协十二届五次会议日程
33	一图读懂全国政协常委会工作报告
34	数读"十三五"开局年发展新面貌
35	数读 2017 全国两会(3 月 6 日数据回顾)
36	习近平 2017 两会新语——每年都到上海团 这次提出 4 个"新作为"
37	外国驻华大使两会看门道：这 5 件事最上心！
38	建设法治中国，数据看得见
39	干货！最高检工作报告一图速览
40	总理答记者问(浓缩版)
41	七个小问题帮你了解民法总则草案的重要性

(续表)

	新华网《数据新闻》
42	政协委员潘刚的五年"初心"之旅
43	宽容不纵容,严管又厚爱——司法关爱误入歧途的未成年人
44	无人机航拍:换个姿势看报告
45	你关心的问题,政府今年将给出这些答案
46	认真履职 为百姓发声——宗庆后人大代表十五年
47	原音重现,习近平2017两会新语
	新京报《图纸》
48	除了医疗和5G,政府工作报告还透露出哪些创业利好
49	不看热闹看门道 解密藏在民法总则草案里的玄
50	大数据 2016年外交部发言人被问最多的是哪些事
51	大数据 10年政府工作报告关键词的变与不变
52	5 000余人参加全国两会,代表委员名额如何分配
53	16年来两会热点变迁,反腐上榜16次房价12次
54	三年点了19只"大老虎",数读两高报告反腐成绩
55	总理记者会5年答79个问题,哪些问题答得最详细
56	有了民法总则,你的生活将发生哪些改变?(交互,游戏)
	财新网《数字说》
57	两会前夕看各地今年投资目标 辽宁挤完水后压力不大
58	财新网友们向总理提出了什么建言?(关注网民数据)
59	习近平批经济数据造假 辽宁的数据有多假?
60	中国军费首破万亿 为美国四分之一
61	人大表决:年度预算赞成率站上90%
62	财新记者跑两会 精彩问答全在这
63	今年居民医保补助增至人均450元 每年4 000多亿补贴流入

第四章 国内数据新闻发展的现状及启示 | 179

（续表）

澎湃《美术课》		
64	数据说两会：国家账未出炉，中央财政连续缩小地区间财力差距
65	数据说两会：1978年到2017年政府工作报告关键词盘点
66	31省份财政预算一览｜12地下调2017预算收入增长目标
67	数据说两会｜近五年总理记者会高频题一览：总理都怎样回答的
网易《数读》		
68	全国按收入高低分等级，你在哪一级？
69	方寸间的两会简史动起来！原来两会可以这么看！
腾讯《数据控》		
70	成绩单：最高人民检察院工作报告
71	新闻百科：从政府工作报告看十年楼市调控
72	互动调查：校园霸凌or玩笑你能分清吗？
73	跟上两会：一分钟速度政府工作报告
74	盘点反腐体制五大改革

第三节 上海财经数据新闻发展策略研究
——以"DT财经"为例

数据新闻是大数据背景下的新型新闻生产方式，而财经媒体本身是具有一定"数字敏感性"的媒体，因此财经媒体发展数据新闻具有先天优势。"第一财经"作为在上海享有一定知名度的财经专业媒体，采取"数据+"战略利用大数据技术实现财经新媒体转型。在此背景下,"第一财经"与阿里巴巴共同打造了数据财经媒体"DT财经"。本节以案例研究的形式,首先勾勒出"DT财经"的发展定位与特色;其次,基于实地调研和深度访谈,定位为专业化的新财经类媒体,成立后迅速发展为横跨电视、广播、日报、周刊、网站和研究院等6大平台的专业财经资讯供应商和发布者。①

一、DT财经的定位及特色

上海作为全国金融中心,财经新闻对于政府、企业和个人的重要性不言而喻。2003年,"第一财经"在上海成立,定位为专业化的新财经类媒体,成立后迅速发展为横跨电视、广播、日报、周刊、网站和研究院等6大平台的专业财经资讯供应商和发布者。①

2015年,阿里巴巴"瞄准"了"第一财经"的专业内容生产能力,投资12亿元参股SMG旗下的第一财经传媒有限公司。"DT财经"正是"第一财经"与"数据+"战略的重要组成部分。"第一财经"本身拥有数据挖掘分析、加工、传播的能力,结合阿里巴巴提供的商业大数据,为财经媒体的未来开辟出新的业务模式。

(一)DT定位:财经数据新媒体

"DT财经"是2015年成立的专攻数据的新媒体,是阿里巴巴和"第一财经"合力打造的财经数据新媒体,体现了两个公司之间资源的连接,特长上的结合,兼具财经新闻生产能力和商业数

① 卢于青."第一财经"媒介生态位分析[D/OL].上海:上海外国语大学,2009[2018-08-01]. http://kns.cnki.net/KCMS/detail/detail.aspx?dbcode=CMFD8&dbname=CMFD20108&filename=20091904l.nh&v=MjgxMDZZUzdEaDFUM3FUcldNMUZyQ1VSTEtmYiiScUZDcm1XcjdPVjEyN0Y3S3hIdEJcnBFYlBjUjhlWDFMdXg=

据挖掘能力,专注制作数据财经新闻。① DT 主要关注线上线下的大消费领域,通过将数据融入其新闻实践的操作流程中,利用可视化方法将复杂的商业数据转化为简单易懂的图表,致力于让每个人都能读懂财经新闻。

DT 财经数据新媒体产品与 2015 年成立的"第一财经"商业数据中心 CBNDATA,是"第一财经""数据+"战略全力转型融合路上的主要载体。CBNDATA 是 DT 的数据部门,与 DT 财经并行发展。

从传播渠道来看,DT 首先是通过微信公众号进行传播,其次是在各个流量较大的综合新闻平台做分发,例如今日头条、腾讯、搜狐等。

从团队组织结构上看,DT 内部分为 4 组,第一组负责运营线上线下的一些活动,第二组负责集数据专栏、数据实验、数据社群为一体的数据侠计划,还有两组由编辑组成,负责当下的报告制作以及栏目结构。

就受众定位方向而言,DT 的定位主要是"B 和大 C",第一种是商业领域相关的从事者,他们基于个人的广义职业需求,研究其专业领域内的市场情况,了解整个周围商业环境的变化,如做市场产品就涉及看数据和研究数据;第二种是在职业上跟数据有强关联的群体。

(二) DT 特色——专业财经媒体与商业大数据结合

阿里巴巴集团是目前全球最大的电子商务公司,因此拥有最为丰富的商业大数据,互联网支付的大数据以及物流大数据

---

① 王小乔.数据,让新闻精彩呈现——DT 财经在数据新闻领域的探索与实践[J].传媒,2016(14):21-22.

等。但这些数据大多数仍停留在阿里体系内,而数据只有流通才能发挥价值。第一财经集团作为具有实力的全媒体财经媒体集群,将在阿里巴巴的商业大数据和其他商业数据来源的基础上,依据自身的专业分析和整合能力,以大数据的媒体化、资讯化、定制化应用为契机,一方面拓展财经媒体业务发展的深度与广度,另一方面积极探索大数据商用的路径。目前,"第一财经"的商业财经数据已全面导入支付宝、手机淘宝等阿里系移动端产品中。①

同时,双方的合作目的就是希望能够使海量的大数据在合法合规的前提下得到挖掘,用媒体的眼光,用社会的视角进行深度的整理和分析,使数据能够真正的服务于社会,使整个商业世界的运行效率能够得到提高。此外,阿里巴巴也有技术上的优势,数据应用、云计算及云存储技术都是阿里巴巴的技术基础,为数据之间的流通提供技术支撑。②

二、DT 财经的发展现状

通过深入 DT 财经内部进行实地调研,对副主编陈中小路进行深度访谈,本节对 DT 财经生产流程、团队构成、组织运营及其独特性进行深入了解和梳理总结。

---

① 亿邦动力网.第一财经李蓉解读一财转型融合"3+"战略[OL].[EB/OL].[2018-2-1]. http://www.ebrun.com/20160413/172227.shtml, 2016-04-13.

② 霍凤.互联网企业进入传媒领域对传媒产业影响研究——以阿里巴巴入股第一财经为例[D/OL].重庆:重庆大学,2016.[2018-1-2] http://kns.cnki.net/KCMS/detail/detail.aspx?dbcode=CMFD&dbname=CMFD201701&filename=1016732196.nh&v=MjE4NDc3SE5ERnFaRWJQSVI4ZVgxTHV4WVM3RGgxVDNxVHJXTTFGckNVUkxZmIrUnFGQ3JuV3I3TVZGMjZHTFFM=

(一) DT 新闻生产流程

1. 新闻选题与内容

据 DT 财经副主编陈中小路介绍，DT 的每篇新闻诞生前有选题会，也有个人单独汇报，80％情况是一人报一个选题，或者十几个人合作，一般来说跟个人一对一讨论比较多，后面再基于需要做的选题，确定平台中提供的数据是否适合回应选题人提出的主题，之后再同对方沟通联系，获取数据，挖掘数据。一般来说，DT 的新闻生产大部分是先确定选题，但不排除当 DT 确定可以拿到数据时，会基于数据再考虑选题。

关于内容层面，陈中小路认为："适合我们的热点，我们就会去做，比如偏向于政治的议题就不会去做，因为热点的选择一般是基于我们关注的商业领域话题之内的。"

2. 数据来源与效果

DT 财经的新闻源主要为公共数据源，此外还包括有一定数据储量的公司，DT 会主动找他们合作，采集他们的数据来做选题，提取需要的数据维度。同时会和对方的数据分析师有一个沟通，根据对方公司的数据结构来分析。相对独特的是，DT 可以拿到外部比较难接触到的阿里巴巴的数据资源，每一篇 DT 生产出的文章都会提及其数据的来源。

就效果而言，陈中小路坦言："跟其他领域一样，热度最高的文章一般具备故事性强、情绪化、热点结合度高几个特点，但在我们这边，可能不完全看这个指数，因为我们的目的不是为了'做大号'。"

3. 新闻审查与周期

据陈中小路介绍："其实我们使用阿里数据不多，另外还有一些数据源，阿里是我自己接触过的，接触下来觉得是安全审查最严格的、最复杂的公司之一。这个过程最大的出发点应该就是客户的信息安全和隐私吧。其实有很多人来问的,说我们使用阿里的数据是直接拷出来用的,其实没那么简单。"

至于周期问题,对于不是特别复杂的题目,DT生产数据新闻的平均周期是1—2个星期,这可以算得上整个数据新闻行业内的平均时长,也算是用较快的速度进行生产,而对于偏向深度性的选题,制作效率就相对低一点,大概一个月,这也是行业的一般水平。

(二) DT数据团队构成

1. 内部团队——分工合作

据陈中小路介绍,目前DT财经的编辑、设计师绝大多数都是90后,一般出生年份在1990—1995之间,以1990年初为主。

从人员分工上来看,新闻的选题到发布分为3个环节,即编辑——设计师——编辑。其中第一位编辑相当于记者的角色,数据分析后由设计师进行可视化呈现,之后再由编辑进行审核发布。和普通编辑不同,DT财经的编辑对基础的数据处理和呈现具有一定的专业能力,如写代码、可视化。此外,分工还是比较明确,主要负责内容撰写的员工和负责可视化的设计师都需要具备专业的素养,每个人各司其职,各有特点。比如编辑一般会用Excel生成简单表格,再告诉设计师其需求,让设计师做成用户最终看到的可视化新闻。由于设计师的专业制图能力更强,所以可以把图做成DT需要的风格。DT数据新闻团体成员需要具备多种专业技能。

2. 外部团队——"数据侠"计划

外部团队主要是就DT财经"数据侠"计划而言的。"数据侠"虽然不是DT的员工,但也是为DT平台提供内容的角色,这些人一般是较优秀或者是新锐的数据爱好者和专业人士,是 DT 目前做的数据人社区中的核心用户。根据 DT 财经官网介绍,数据侠需要具备的素质就是能够对数据进行深度分析和呈现,挖掘出能够推动行业发展的数据价值。

陈中小路指出:"最初期,一些数据爱好者由于在网上生产出较高质量的文章,我们便找到他,把他发展为数据侠之后,也会把他的稿子进行转载,这是一种,还有一种是我们把对方发展为数据侠之后,会和对方一起来商量选题。"

(三) DT 数据服务与人文关怀

数据服务是财经新闻特有的服务模式,可以使客户对商业报告一目了然,准确、高效地对事态的发展和行业的变化有深入的了解。从"第一财经"发布的《2016 年的优质资源推介及经营政策》上看,"第一财经"在全媒体平台融合后向广大客户提供传播服务、接触服务、数据服务和多元服务,全方位满足客户的需求,比如数据服务,就是通过指数产品、研究报告和商业咨询等形式,帮助客户优化商业决策和提升决策速度。

陈中小路提到,"在提取数据后,进行数据挖掘时,编辑需要具备洞察力,因为做数据新闻不是为了好玩,或者抓住热点,而是从其中发现商业价值"。那么商业价值发掘后,与公共价值结合起来岂不是更加贴合新闻所具有的人文关怀吗?财经新闻看起来是由数字和分析组合成的十分理性的文章,而新闻具有公共价值,所以用数据作为财经新闻的呈现方式,DT 作为财经新闻媒体同样看重商业数据背后的公共价值。

以根据电视剧《东京女子图鉴》所制作的《静安女子图鉴》数据新闻为例,它并不是一个纯粹的商业问题,还蕴含着社会阶层的特征,这是它在商业价值往上的一个延展。这样其实很难得,因为数据新闻不仅仅只是聚焦于市场,还要剖析这个市场背后蕴含的社会实践。同时,从《24 小时便利店早已遍布上海,为啥北京却还是小卖部的天下?》这一则新闻中,作者通过对所处地区的繁华程度、人口密度、资本类型这几种维度的分析,做到了商业数据与公共价值结合,从细节中窥探到城市的变迁历史。如果有人将这篇财经新闻做成深度报道的话,完全可以继续调查上海对于当年的下岗潮的政策规定以及那些工人的现状,这样就可以从简单问题上升到民生与社会问题的调研。

三、对财经新闻转型发展的启示

(一)与城市定位相互联系

媒体是城市的一张名片。早在 20 世纪 20 年代末 30 年代初期,上海已经成为当时中国最大的金融中心。2009 年国务院颁布的《国务院关于推进上海加快发展现代服务业和先进制造业建设国际金融中心和国际航运中心的意见》中指出,上海有比较完备的金融体系,推进上海加快建设国际金融中心、国际航运中心和现代国际大都市,是我国现代化建设和继续推动改革开放的重要举措。2020 年,将上海基本建成与中国经济实力和人民币国际地位相适应的国际金融中心。①

从受众层面来看,上海受众较其他地区的受众更关心财经资讯。1999 年针对上海、广州、武汉、沈阳、成都、西安等 6 大城市的《中国城市电视观众收视特征及传媒对策》报告指出,上海观众对财经报道节目的选择率为 38.3%,大大高于城市平均数

---

① 国务院关于推进上海加快发展现代服务业和先进制造业建设国际金融中心和国际航运中心的意见[EB/OL]. [2018 - 01 - 2]. http://www.gov.cn/xxgk/pub/govpublic/mrlm/200904/t20090429_33313.html.

的5%左右。①

由此可见,上海这座金融中心城市给媒体与之相配的"第一财经"成长的土壤,不仅为财经新媒体提供了信息资源,还提供了受众资源。

最重要的是,上海的数据开放程度也处于全国领先地位,高度数据化并开放的数据就具备了成为智慧城市的特征。从DT财经发布的文章《中国数据开放第一城,凭什么是上海》中可以看出,上海这座城市已经不仅是传统意义上的全国"金融中心",它的"智慧"已经乘上开放数据的快车。

(二)在专业领域实现突围

财经媒体本身就具备较强的专业性,如何在众多财经媒体中突出重围是每个财经集团面临的问题。"第一财经"选择走"数据+"这条创新之路。从IT时代到DT时代,利用大数据是我国未来财经媒体发展的大趋势。"大数据+财经媒体"可以帮助企业找到精准的客户,最关键的就是通过大数据,能够理解自然语言的关键点,能够预测财经的趋势在哪里。

DT财经作为聚焦互联网、消费、商业领域的新媒体,其发展使命就是用数据的方式揭示基本的商业逻辑,让商业报道和事实数据分析有机结合,生产出更加优质的内容,更形象地为用户解读商业价值。新媒体领域正在萌生多样的创新,DT财经的探索方向就是紧扣数据原动力,激活新闻创新的生产力,用一种新媒体领域的全新形态,通过强大的内容生产力,利用多渠道的分发,成为

---

① 21世纪经济报道.段淳林:中国财经新媒体发展报告[EB/OL].[2018-01-2] http://money.163.com/16/1227/22/C9B0F0R7002580S6.html,2016-12-27.

数据和财经新闻领域的 IP。①

（三）在商业数据中寻找资源

财经新媒体相较于其他媒体可以说是较受资本青睐的。商业资源与传统媒体之间的互动和整合，可以帮助后者找到其优势力量，走向专业财经新媒体的创新之路。

财经新媒体生态结构的分工中，资本的力量渐渐加大。由于市场逐渐向媒体开放，所以在转型过程中必须加强同商业的联合。比如与"第一财经"合作的阿里巴巴起家于电子商务平台，历经十几年的累积发展，已经存储了海量的用户交易和信用数据，而这种结构化的大数据可以为内容生产者提供更丰富的数据资料和更详实的商业信息及分析基础。商业领域的各类数据是财经新闻报道的基础，媒体通过整合信息为商业提供政策倾向、市场行情或决策依据。

传统的记者需要外出调研得来信息，在大数据技术下可以减少外出成本就获得更为丰富、精确的数据。从内容上看，财经新闻内容生产者需要通过采访、实地调研等方式采写财经新闻，其中也会涉及数据整合，但这些数据往往是零散的、非结构化的，而结构化的大数据可以为内容生产者提供更丰富的数据资料和更翔实的商业信息及分析基础。单一维度的数据只能表现出事物的一个方面，而包括了时间、地点、内容等多维度的数据则能更立体、深入地对现象进行解读。②

DT 财经是阿里与"第一财经"商业合作诞生出的产物，是阿

---

① 一财网."DT 财经"来袭：第一财经首推数据新媒体[EB/OL].[2018-01-2].http：//www.yicai.com/news/5001191.html.
② 界面.DT 财经到底是个什么？[EB/OL].[2018-01-2].https：//www.jiemian.com/article/624701.html.

里从 IT 时代到 DT 时代核心价值理念真正落地实践的试验品，也是一个承载"第一财经"这个传统财经媒体转型新媒体的产品创新尝试。互联网的时效性和交互性等特点，使得传统媒体需要加快转型脚步适应发展。而财经新媒体需要做到实时更新信息，提供重要的数据库和分析工具，对移动客户端的用户实现即时传播，以及用户的广泛扩散，在进行深化媒介融合的同时，更需要具备互联网思维下对技术的把握，寻找自己的核心竞争力。上海财经新媒体有着自己独特的地理位置及优势，考虑到社会影响力与经济可持续，财经新媒体适当转型非常有必要。

"第一财经"作为上海知名的财经媒体，转型需要有针对性地深化探索发展新路径以实现突破，与城市的发展进程相契合，整合媒体资源。它采取的"数据＋战略"结合互联网新技术，构建自己的财经信息网络，从渠道、内容和服务对象上提升了媒体自身的社会影响力。同时，通过商业上阿里巴巴的资本驱动，实现信息源的丰富以及内容方面的增值，商业与数据新闻相结合的信息服务模式，使得上海专业财经新媒体找到突破路径，即以 DT 财经为例的数据财经新媒体。DT 需要利用上海金融中心以及"第一财经"的资源优势，利用自己在数据新闻方面的核心竞争力，实行有效的发展模式。

当今时代，我们需要更加"平易近人"的财经媒体，让数据有温度，让数据变得人性化，让更多的角色和机构参与到建设中，为用户提供更多的数据内容，产生更大的价值，而这也恰恰是 DT 财经所秉持的理念。

参考文献

[1] 常江,文家宝,刘诗瑶.电视数据新闻报道的探索与尝试——以中央电

视台《晚间新闻》"据"说系列报道为例[J].新南记者,2014(5):74-79.

[2] 毛湛文.大数据在电视新闻中的应用:创新、问题与方向——以央视2014年大数据系列报道为例[J].电视研究,2014(12):42-45.

[3] 丁雅妮.用新闻穿越"一带一路"——解密央视新闻频道特别节目"数说命运共同体"[J].新闻与写作,2015(11):75-77.

[4] 方洁.数据新闻概论:操作理念与案例解析[M].北京:中国人民大学出版社,2015:67.

[5] 刘蕊.中美财经媒体网站的数据新闻实践之现状与比较——以财新网"数字说"与彭博网"视觉数据"为例的内容分析研究[D/OL].北京:北京交通大学硕士学位论文,2015.[2018-08-01] http://kns.cnki.net/KCMS/detail/detail.aspx? dbcode = CMFD&dbname = CMFD201502&filename = 1015593828. nh&v = MjYxNzRFYlBJUjhlWDFMdXhZUzdEaDFUM3FUcldNMUZyQ1VSTEtmYitScUZDcmxXcnpMVkYyNkc3YXhIZG5PcDU=

[6] 刘义昆.大数据时代的数据新闻生产:现状、影响与反思[J].现代传播,2014(11):103-106.

[7] 曹曙婷.大数据时代的"第三方信源"[J].新闻战线,2015(6):127-128.

[8] 中国记协网.人民日报中央厨房首推"数据服务",成效如何?[EB/OL].[2018-2-1].http://news.xinhuanet.com/zgjx/2017-

[9] 余列平.数据可视化、H5、短视频,进击的新闻新表达在中国何去何从?[J].传媒评论,2015(4):9-11.04/01/c_136176113.htm.

[10] 卢于青."第一财经"媒介生态位分析[D/OL].上海:上海外国语大学,2009[2018-08-01] http://kns.cnki.net/KCMS/detail/detail.aspx? dbcode = CMFD&dbname = CMFD2010&filename = 2009190041. nh&v = MjgxMDZZUzdEaDFUM3FUcldNMUZyQ1VSTEtmYitScUZDcm1XcjdPVjEyN0Y3S3hIdEhJcnBBFYlBJUjhlWDFMdXg=

[11] 王小乔.数据,让新闻精彩呈现——DT财经在数据新闻领域的探索与实践[J].传媒,2016(14):21-22.

[12] 亿邦动力网.第一财经李蓉解读一财转型融合"3+"战略[OL].[EB/OL].[2018-2-1]. http://www.ebrun.com/20160413/172227.shtml,2016-04-13.

[13] 霍凤.互联网企业进入传媒领域对传媒产业影响研究——以阿里巴巴入股第一财经为例[D/OL].重庆:重庆大学,2016.[2018-1-2] http://kns.cnki.net/KCMS/detail/detail.aspx?dbcode=CMFD&dbname=CMFD201701&filename=1016732196.nh&v=MjE4NDc3SE5ERnFaRWJQSVI4ZVgxTHV4WVM3RGgxVDNxVHJXTTFGckNVUkxLZmIrUnFGQ3JuV3I3I3TVZGMjZHTFM=

[14] 国务院关于推进上海加快发展现代服务业和先进制造业建设国际金融中心和国际航运中心的意见[EB/OL].[2018-01-2].http://www.gov.cn/xxgk/pub/govpublic/mrlm/200904/t20090429_33313.html

[15] 21世纪经济报道.段淳林:中国财经新媒体发展报告[EB/OL].[2018-01-2] http://money.163.com/16/1227/22/C9B0F0R7002580S6.html,2016-12-27.

[16] 一财网."DT财经"来袭:第一财经首推数据新媒体[EB/OL].[2018-01-2].http://www.yicai.com/news/5001191.html.

[17] 界面.DT财经到底是个什么?[[EB/OL].[2018-01-2].https://www.jiemian.com/article/624701.html.

第五章
新技术环境下的数字化新闻发展前沿

随着数据新闻业务不断拓展,生产主体从英、美等西方国家主流媒体扩散至全球范围、各种不同类型的媒体;数据对象由结构化的公开数据扩展至经由媒体挖掘的半结构化数据,甚至通过众包方式获取的非结构化数据;数据呈现方式也由单一的静态信息可视化呈现扩展为交互式的融媒体呈现。

科技进步带来的媒体创新层出不穷,以大数据为基础融合其他新技术,带来了新闻发展模式的创新,代表了新闻业发展的前沿趋势。据预测,"计算机生成内容"(Computer Generated Content, CGC),很快将与"专业记者生成内容"(Professional Generated Content, PGC)以及"用户生成内容"(User Generated Content, UGC)一起构成未来数字化新闻的三大主体(图5-1)。

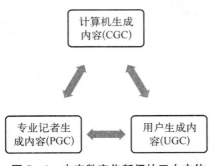

图5-1 未来数字化新闻的三大主体

总体来看,未来数字化新闻创新体现在两个层面:一是新闻生产层面,大数据带动了"数据新闻"发展,与此同时,算法技术带来了"自动化新闻"发展;二是新闻分发层面,出现了按照用户需求推送信息的"定制化新闻";还有以基于数据库和游戏体验的"交互式新闻"(图5-2)。

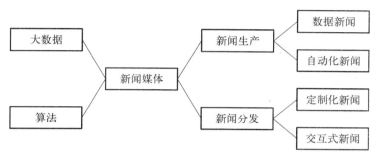

图 5-2 大数据与算法技术对新闻生产及分发的影响

第一节 自动化新闻

自动化新闻是除了数据新闻之外,大数据和算法技术影响新闻生产的另一个面向,代表了未来新闻业发展的新趋势。

一、自动化新闻的概念及生产流程

(一) 自动化新闻的概念及实践

自动化新闻(Automated Journalism)是基于大数据和算法技术的新型新闻生产方式,是指"在没有或者有限人类干预下,由优先设定的程序将数据转化为新闻文本的自动算法过程"。[①] 自动

---

① Carlson Matt.The Robotic Reporter:Automated Journalism and the Redefinition of Labor, Compositional Forms, and Journalistic Authority[J]. Digital Journalism,3(3):416-431.

化新闻又称机器人新闻(Robot Journalism),实际上是一套软件程序或算法语言(algorithm),通过算法自动采集数据,然后撰写成人类可读的内容。①

自动化新闻生产主要通过以大数据为基础的计算机程序完成,而传统的新闻编辑室(newsroom)通常不具备开发自动化写作软件的能力和资源,因此新闻媒体在自动化新闻生产领域常常通过与技术公司进行合作来完成。国外为自动化新闻生产提供技术支撑的公司有多家,美国伊利诺伊州的叙事科学公司(Narrative Science)和北卡罗来纳州的自动化洞察力公司(Automated Insights)是其中的典型代表。

自动化新闻在国内新闻媒体领域起步相对较晚,但在传统媒体和新媒体领域均有进展。目前国内在进行自动化新闻实践的 4 家有代表性的媒体分别是:腾讯财经的"Dreamwriter",新华社的"快笔小新",第一财经的"DT 稿王"和今日头条的"Xiaomingbot"。其中,2015 年 9 月腾讯最早推出自己的新闻写作机器人"Dreamwriter",发布了国内首篇自动化新闻稿件。

(二)自动化新闻的生产流程

美国哥伦比亚大学新闻学院托尔数据新闻研究中心(Tow Center)曾对叙事科学(Narrative Science)公司的自动化新闻生产流程进行剖析,并将其总结为 5 个步骤②(图 5-3):

第一步,读入大量数据。其中标准化和格式化数据,如天气数

---

① 许向东,郭萌萌.智媒时代的新闻生产:自动化新闻的实践与思考[J].国际新闻界,2017(5):29-41.
② Tow Center, The Anatomy of a Robot Journalist[EB/OL]. [2018-01-2].https://towcenter.org/the-anatomy-of-a-robot-journalist/

据、地震信息等,更容易开发出具有实用价值的自然语言自动生成系统。财经报道和体育报道也是自动化新闻常见的领域。随着传感器嵌入系统的普及,催生了"传感器新闻"(Sensor Journalism),是自动化新闻的初级版本。自动化新闻的基础在于数据的数量和质量。

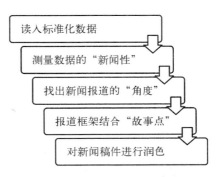

图 5-3 自动化新闻的生产流程

第二步,测量数据的"新闻性"(news worthiness)。一般而言,算法会挑出数据中最反常的信息,例如 NBA 赛事中的数据种类包括得分总数、投篮命中率、三分命中率、罚篮命中率、篮板数、助攻数、抢断数、上场时间数、参赛场次数等。算法通过检测和比对历史数据,一旦发现"反常",例如上述数据出现了"最高纪录"或"最低纪录",那么算法就会认为此时的数据具有"新闻性"。

第三步,找出报道的角度(angles)。这些角度实际上是人工记者(编辑)已经确定好的报道框架,供算法进行选择。例如,对体育赛事报道的典型框架包括:"旗鼓相当的拉锯战""震撼全场的个人英雄主义""同仇敌忾的团队合作"和"后来居上的反击战"等等。

第四步,将报道角度(框架)与故事点(story points)相结合。算法可以结合地理位置信息,如比赛场地、球员背景等,按照"接近性"原则,优先或重点报道相关球员的表现,包括可以自动从数据库中检索该球员的照片并将其嵌入报道等。

第五步，对自动生成的新闻稿件进行润色。这是技术含量最高的一步。"叙事科学"公司的算法会不断回顾、审读其框架及故事点，将句子与人类自然语言进行比对和替代，让算法生成的枯燥文字变得可读。算法会在报道文本生成过程中加入随机因素，选择多种复杂的语气，如"冷漠的""自信的""悲观的""充满激情的"，从而让文本显得多样。

目前，国内的自动化新闻生产基本上是一种"人工模板＋自动化数据填充"的模式。但是，随着科技的发展，自动化新闻会在新闻敏感、情感表达、深度分析及选题发现等方面日渐成熟。

新华社"快笔小新"的写稿流程可以分为3个环节：一是"采集清洗"，依托大数据技术对数据进行实时的采集、清晰和数据的标准化；二是"计算分析"，根据业务的需求设计相应的算法模型对数据进行实时的计算和分析；三是"模板匹配"，根据计算和分析的结果选取合适的模板生成CNML（中文新闻信息置标语言）的稿件，并自动写入待编稿库，编辑审核后再进行签发。

腾讯"Dreamwriter"的写作流程主要包括5个环节：首先购买或者自己创建数据库；然后让"Dreamwriter"学习数据库内的各项数据，并生成相应的写作手法；接着针对与数据库相关联的新闻事件进行报道写作；审核完成的稿件；最后发布到用户端。

今日头条"Xiaomingbot"的工作原理是结合最新的自然语言处理、机器学习和视觉图像处理的技术之后，通过语法合成与排序学习生成新闻。"DT稿王"则是利用文本解析和信息抽取技术实现信息的自动抽取，再采用机器学习算法，并融合"第一财经"编辑记者团队的经验、智慧,以模板和规则知识库的方式,根据实时抽取的信息作出判断,输出相应的模板及规则知识库内容从而产生新闻。①

经由以上复杂的算法处理后的财经新闻和体育新闻,大多数读者都无法将其与传统记者采写的新闻区别开来。这说明,机器人写新闻也许会让人在情感上难以接受,但是只要这些新闻能满足我们的信息需求,纠缠"作者是机器还是人"这个问题,已经意义不大了。②

二、自动化新闻对大型体育赛事报道的分析

自动化新闻写作比较擅长的是财经、体育等领域。这一部分将重点探讨自动化新闻对大型体育赛事的报道实践。体育,自古以来就是人类跨越国界交往的重要方式之一。现代体育活动,可以通过报纸、广播、电视、网络、移动终端等多种媒介形式,即时传播到全球每一个角落。③ 因而,今天的国际大型体育赛事,不再仅仅是各国运动员"更高、更快、更强"的较量,同时也是各国媒体传播理念和传播技术的展现平台。其中,奥运会作为最重要的国际体育赛事,吸引着全世界的目光,同时也是国家形象、对外传播的重要方面。④

---

① 许向东,郭萌萌.智媒时代的新闻生产:自动化新闻的实践与思考[J].国际新闻界,2017(5):29-41.
② 邓建国.机器人新闻:原理、风险和影响[J].新闻记者,2016(9):10-17.
③ 张江南.大数据时代对体育传播的影响[J].武汉体育学院学报,2014(7):16-20.
④ 孟笛.大数据时代的体育新闻报道——以《纽约时报》为例[J].中国出版,2016(11):58-61.

奥运会发展史从另一个角度来看也是一部媒介技术的进步史。2012年伦敦奥组委总监布鲁克·道尔曾感言:"2000年悉尼奥运时,互联网上网的速度还很慢;2004年雅典奥运会时,智能手机还未出现;2008年北京奥运会时,社交媒体还没成气候。在伦敦,万事俱备,每个人都可以用社交媒体来关注奥运会的比赛。"①2012年伦敦奥运会被称为社交奥运(Socialympic),每一位奥运观众都可以随时随地通过社交媒体发布个人化的内容。

2016年里约奥运会,各国媒体在自动化新闻报道上大显身手。在里约奥运会期间,今日头条研发的写稿机器人"Xiaomingbot"共发布了300余篇奥运体育新闻报道。美国《华盛顿邮报》也采用"Heliograf",在Twitter上实时发布奥运新闻报道。② 下文尝试对今日头条"Xiaomingbot"和《华盛顿邮报》"Heliograf"的自动化新闻报道进行对比分析。

"Xiaomingbot"是由今日头条媒体实验室与北京大学计算机所万小军团队共同研发的AI机器人。其工作原理是结合最新的自然语言处理、机器学习和视觉图像处理技术,通过语法合成与排序学习自动生成新闻,并在2016年奥运会期间,发布了关于乒乓球、网球、羽毛球和女足的自动化新闻报道。

作为国内自主研发的第二代新闻机器人,"Xiaomingbot"的自动化新闻报道(图5-4)具有以下特点。首先,从报道速度来看,由于对接了奥组委的数据库信息,"Xiaomingbot"可以实

---

① 张睿.移动互联网时代的伦敦奥运:草根化社交化成趋势[EB/OL].[2014-01-15/2015-08-08].http://www.techweb.com.cn/internet/2012-07-30/1220001_2.shtml

② 李俊.欧美机器人的"尝新"观察[J].传媒评论,2016(09):67-68.

图 5-4 今日头条"Xiaomingbot"对里约奥运会的报道

时撰写,实现在 2 秒内生成并发布新闻稿件——跟电视直播几乎同步。① 第二,从报道内容的信息量来看,"Xiaomingbot"的报道包含了多种元素:包括比赛时间、比赛名称、体育馆名称、比赛规则、比赛持续时间、运动员姓名、运动员世界排名、比赛大比分、比赛小比分及运动员国籍和年龄等。第三,更为重要的是,"Xiaomingbot"可以依托智能选图技术,实现根据新闻人物

---

① 赵禹桥.新闻写作机器人的应用及前景展望——以今日头条新闻机器人张小明(Xiaomingbot)为例.人民网研究院[EB/OL].[2018-08-08]. http://media.people.com.cn/n1/2017/0111/c409691-29014245.html.

自动搜索并添加相应的配图。在当今读图时代,图片日渐成为新闻的重要呈现方式,智能匹配相应图片能够很好地帮助用户实现对多维度、可视化新闻的追求。第四,从新闻语言的角度看,"Xiaomingbot"采用了人格化的语言,使得新闻的可读性更强。例如,在网球女子单打四分之一决赛的报道中有这样一句——"来自乌克兰的选手伊莉娜-斯维托莉娜在比赛中让大家知道,'她不是一个人在战斗'"——明显模仿了知名体育解说员黄健翔的经典语言。最后,从传播数量上来看,由于"Xiaomingbot"借助今日头条客户端发布自动化新闻,报道的浏览量很高。仅《奥运会乒乓球女单铜牌赛 金宋依(朝鲜)4∶1 奥运名将福原爱(日本)轻松摘铜》的单篇阅读量就达到了 55 555 次。

与之形成对比的"Heliograf"是美国传统大报《华盛顿邮报》采用算法技术进行自动化新闻报道的秘密武器。在 2016 年里约奥运会上,"Heliograf"主要通过自动化技术快速生成一系列简单、有效的信息,包括奥运会的比分、金牌总数以及其他以数字为核心的文字报道。与"Xiaomingbot"不同的是,"Heliograf"主要依托《华盛顿邮报》网站和该报的 Twitter 账号进行信息发布。由于 Twitter 对发文 140 字的限制,"Heliograf"自动化新闻报道的信息量较小,且以文字报道为主,没有智能图片匹配(图 5-5)。其语言风格简约灵活,但未采用经过机器学习的人格化语言风格。虽然它发文的数量更大,题材也更广泛(没有限制在个别比赛项目上),但是限于发布平台的原因,受众关注较为分散,单篇浏览量、转发量都远低于"Xiaomingbot"。

图 5-5 《华盛顿邮报》"Heliograf"对里约奥运会的报道

三、对自动化新闻的评价

（一）自动化新闻的优势

1. 自动化新闻在报道事实性新闻时比传统新闻反应速度更快

特别是在突发事件报道中，时效性往往决定了新闻报道的价值和影响力，自动化新闻在发布速度方面优势明显。2017年8月8日，四川九寨沟发生7.0级地震，中国地震台网的机器人用时25秒写作发布了地震快讯，其中包括速报参数、震中地型、热力人口、周边村镇、历史地震、震中简介、震中天气等内容，各新闻要素一应俱全。这种动态消息的生成和发布，尽管只能发挥信息提醒的作用，属于融合新闻报道的前端，尚未涉及更多的深度报道或者讲故事的层面,但是再专业的记者也难以在半分钟内完成这样的快速编写。所以自动化新闻为新闻业带来新速度,并将由此改变突发事件的新闻生产流程。①

2. 自动化新闻在事实性报道中更加全面,网络新闻报道的长尾效应突出

今日头条实验室负责人介绍:"张小明(Xiaomingbot)最大的意义在于,面对奥运会这样同时举行上百场比赛的综合赛事,记者很难关注到每一场比赛,而机器人可以任劳任怨的为每一场比赛进行报道,无论这场比赛多么冷门和不重要。传统新闻理论并不认为这些冷门比赛或者热门比赛(比如乒乓球)的前几轮小组赛有新闻价值,可是通过我们的平台测试,我们发现对冷门场次的报道仍然有可观的阅读量。"这说明在互联网平台上新闻报道的长尾效应十分突出,即由于受众基数巨大,即使小众用户其数量也十分可观。同时基于互联网平台的新闻传播对个性化新闻需求的满足也有利于用户黏性的增长。这也符合未来定制新闻,分众化新闻的大趋势。② 身为新闻机器人的"Xiaomingbot"可以实现全天候24小时监测赛事热点,避免漏题。媒体行业的激烈竞争使得记者疲于应付千篇一律的消息,即便如此,漏题现象也时有发生。如果消息、简讯等事实性报道由新动画新闻完成,就可以使记者可以从疲于奔命式的抢新闻中解脱出来,对事件背后的新闻线索进行深入挖掘和批判性地思考。从长远来看,可以让快新闻逐渐慢下来,也

---

① 张志安,刘杰.人工智能与新闻业:技术驱动与价值反思[J].新闻与写作,2017(11):5-11.

② 赵禹桥.新闻写作机器人的应用及前景展望——以今日头条新闻机器人张小明(Xiaomingbot)为例.人民网研究院. [EB/OL]. [2018-08-08]. http://media.people.com.cn/n1/2017/0111/c409691-29014245.html.

给予读者思考与品读的时间。

3. 自动化新闻在报道事实性新闻时更加准确客观，能够提高新闻质量

只要数据准确，算法运行正常，自动化新闻能够避免许多人工容易出错的问题，保障新闻信息的准确性。面对财经、体育类新闻，常常有许多数字、数据需要整理汇总。人类记者在处理这些数字、图表时，常常因为数据量大而容易忙中出错。但是，自动化新闻凭借其超强的运算能力，可以处理海量数据，且不容易出错。同时，由于自动化新闻不带有任何人类情感，文章的生成完全依赖于数据。在赛事汇总上，不会因为喜爱某支球队而厚此薄彼，而是严格按照数据，客观地陈述事实。在某种程度上，机器人新闻更接近新闻对客观性的要求。

（二）自动化新闻的弊端

1. 缺乏对信息的深度理解和阐释

虽然自动化新闻能够带来新闻报道的新速度，也能做到更为全面、客观、准确的报道。但是需要注意的是，事实（Fact）不等同于真相（Truth）。仅凭这些自动化新闻发布的简讯和消息，无法实现对事实背后复杂真相的探索。自动化新闻虽然可以完成对直接事实的报道，比如体育赛事的参赛队员、比分情况、比赛结果、以往战绩。但是面对相对复杂的事实、事实与事实之间的关联，还需要深度调查和背景分析，这些是自动化新闻难以完成的。

以调查性报道为例，机器无法看到表面事实背后错综复杂的利益链条，无法像调查记者一样发现谁施害、谁造假、谁作恶，机器无法有效获知表面事实背后隐藏的真相，并形成基于多重事实的价值判断。因此，大数据和算法技术可以带来动态新闻，却可能无法揭示真相。因为真相并非简单的事实，而是隐藏在事实背后的

复杂链条。在未来很长一段时间里，自动化新闻很难取代职业记者的调查者和监督者角色。

2. 扁平化新闻千篇一律，缺乏亮点和重点

与记者采写的稿件相比，尽管自动化新闻报道全面、准确、客观，但是在可读性仍然相对处于劣势。“Xiaomingbot”发布的奥运体育新闻可谓面面俱到，对每一场比赛都进行了报道。然而模块式的报道难以避免千篇一律，每篇报道的结构甚至是用词用句都差不多，缺乏亮点和重点，难以给读者留下印象。例如，我们选取“Xiaomingbot”在羽毛球男单、男双、女单、女双四场比赛的自动化新闻可以看出（图 5－6），几篇报道大量相同或相近的词语，且句子的排列顺序都近乎相同：第一句先将新闻要素——时间、人物、地点、事件进行了说明。之后是对赛况的说明——精彩纷呈，高潮迭起。然后说明比赛时间、比赛规则、比赛结果、比分结果等。可以

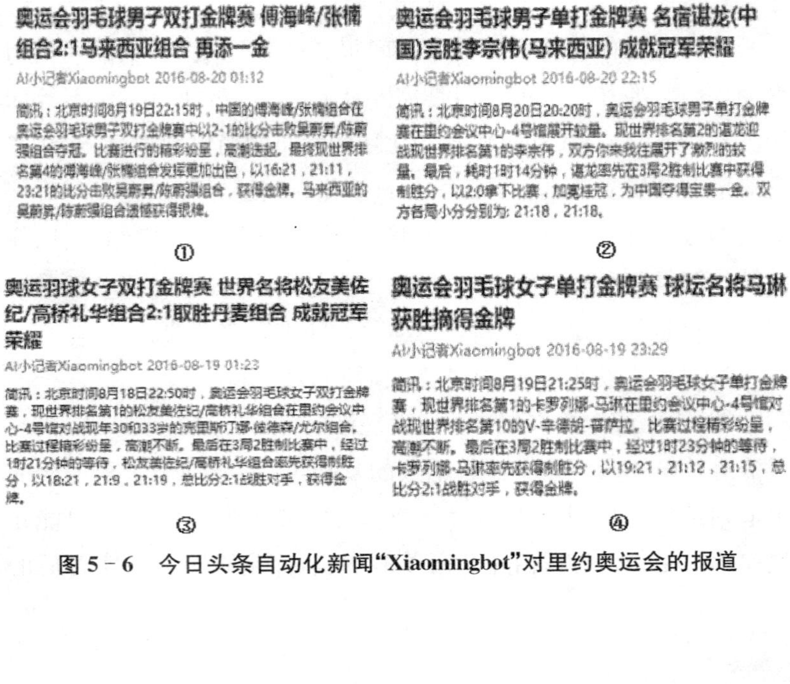

奥运会羽毛球男子双打金牌赛 傅海峰/张楠组合2:1马来西亚组合 再添一金

AI小记者Xiaomingbot 2016-08-20 01:12

简讯：北京时间8月19日22:15时，中国的傅海峰/张楠组合在奥运会羽毛球男子双打金牌赛中以2-1的比分击败吴蔚昇/陈蔚强组合夺冠。比赛进行的精彩纷呈，高潮迭起。最终现世界排名第4的傅海峰/张楠组合发挥更加出色，以16:21，21:11，23:21的比分击败吴蔚昇/陈蔚强组合，获得金牌。马来西亚的吴蔚昇/陈蔚强组合遗憾获得银牌。

①

奥运会羽毛球男子单打金牌赛 名宿谌龙(中国)完胜李宗伟(马来西亚) 成就冠军荣耀

AI小记者Xiaomingbot 2016-08-20 22:15

简讯：北京时间8月20日20:20时，奥运会羽毛球男子单打金牌赛在里约会议中心-4号馆展开较量。现世界排名第2的谌龙迎战现世界排名第1的李宗伟，双方你来我往展开了激烈的较量。最后，耗时1时14分钟，谌龙率先在3局2胜制比赛中获得制胜分，以2:0拿下比赛，加冕桂冠，为中国夺得宝贵一金。双方各局小分分别为：21:18，21:18。

②

奥运羽球女子双打金牌赛 世界名将松友美佐纪/高桥礼华组合2:1取胜丹麦组合 成就冠军荣耀

AI小记者Xiaomingbot 2016-08-19 01:23

简讯：北京时间8月18日22:50时，奥运会羽毛球女子双打金牌赛，现世界排名第1的松友美佐纪/高桥礼华组合在里约会议中心-4号馆对战现年30和33岁的克里斯汀娜·佩德森/尤尔组合。比赛过程精彩纷呈，高潮不断。最后在3局2胜制比赛中，经过1时21分钟的等待，松友美佐纪/高桥礼华组合率先获得制胜分，以18:21，21:9，21:19，总比分2:1战胜对手，获得金牌。

③

奥运会羽毛球女子单打金牌赛 球坛名将马琳获胜摘得金牌

AI小记者Xiaomingbot 2016-08-19 23:29

简讯：北京时间8月19日21:25时，奥运会羽毛球女子单打金牌赛，现世界排名第1的卡罗列娜-马琳在里约会议中心-4号馆对战现世界排名第10的V-辛德胡-普萨拉。比赛过程精彩纷呈，高潮不断。最后在3局2胜制比赛中，经过1时23分钟的等待，卡罗列娜-马琳率先获得制胜分，以19:21，21:12，21:15，总比分2:1战胜对手，获得金牌。

④

图 5－6 今日头条自动化新闻“Xiaomingbot”对里约奥运会的报道

看到模板化复制痕迹很突出,且面面俱到,连赛制、体育场馆、排名都详细说明。但很明显缺乏亮点和重点。要想把一篇新闻写好,对信息的概括和提炼能力是记者必备的职业素质,长而空洞的文章是没有人看的。但目前的机器人新闻显然没有提炼和概括的能力,提炼与概括的前提是理解,算法对于人类语言的理解能力还十分弱,这也就限制了自动化新闻的报道体裁和领域。

自动化新闻是大数据和算法技术对新闻生产进行改造的另一个面向。当大数据和人工智能技术浪潮席卷而来,包括新闻业在内的传统行业都可能面临技术焦虑:一方面,迫切期待自动化新闻对陷入困境的新闻业带来新的革新机会;另一方面,传统媒体集体担心职业化的新闻工作被人工智能取代。

人工智能在未来可能会在很大程度上创新社会治理,但是人类应该有办法让技术在人类可掌握的范围内服务于人类,实现工具理性和价值理性的共融。在智能化媒体时代,事实性报道可以更多地交给机器人新闻去完成,解读性调查性的报道则由人类记者去完成。面向未来,新闻业在运用人工智能的过程中,通过人机协作,做到"人机共生",各司其职,相得益彰,通过不断迭代的大数据闭环,让人工智能更好地表现人类的主导性和价值观。

第二节 定制化新闻

如果说"自动化新闻"属于大数据和算法技术对新闻生产环节的改造,那么实现智能分发和个性推荐的"定制化新闻"则是其对新闻分发环节的变革。

传统媒体时代,主要由新闻编辑根据新闻价值和媒体定位来遴选稿件。新闻的筛选和排列主要基于编辑的判断,而且考虑的是大众的普遍需求,而不是个人化的要求。大数据时代,定制化新闻主要依托算法技术,实现信息的个性化推荐和智能分发。

一、定制化新闻(算法新闻)的概念及实践

(一)定制化新闻的概念

"定制化新闻"又叫"算法新闻",主要是基于用户获取信息的倾向性和个性偏好,通过算法为用户推送和呈现他们感兴趣的新闻内容。在讨论算法新闻之前,首先需要厘清什么是算法。

理论上看,算法是指以计算机为工具,利用数学模型来解决各种实际问题。算法工程师沈非认为,算法既可以是逻辑确定的一系列步骤,也可以根据数据来自我学习和优化。[1] 简单而言,"算法是为了解决问题而输入计算机的一系列程序,通过特定的运算把输入数据转化为输出结果"。有学者做了形象的比喻,如果我们把数据比作食材,那么算法就是食谱;只有遵循食谱所设立的步骤和指令,按照要求筛选和搭配食材,才能做出指定口味的佳肴。[2]

个性化推荐是一种信息过滤技术,定制化是其技术目的,算法推荐是其方法。它期望通过分析大量用户行为日志,给不同用户提供不同的个性化页面展示,来提高网站的点击率和转化率。[3] 它在不同产品中的应用已由来已久。电子商务领域有亚马逊被RWW(读写网)称为"推荐系统之王"。影视领域有美国视频公司

---

[1] 章震,周嘉琳.新闻算法研究:议题综述与本土化展望[J].新闻与写作,2017(11):18-23.

[2] 王茜.打开算法分发的"黑箱"——基于今日头条新闻推送的量化研究[J].新闻记者,2017(9):7-14.

[3] 项亮. 推荐系统实践[M].北京:人民邮电出版社,2012:4.

Netflix 为了更精准地对用户进行电影推荐,自 2006 年起开始举办著名的 Netflix Prize 推荐系统比赛,悬赏百万美元,希望将算法的预测准确度提升 10%。

（二）算法机制的采纳

通过算法完成信息的个性化推荐和分发,正成为今天新闻业内越来越多媒体的选择。整体而言,欧美的新闻算法应用时间较早、应用领域更为广泛。谷歌、脸谱等规模较大的互联网公司早已在新闻搜索、推荐、分发等系统服务中应用算法技术。初创型技术企业如叙事科学公司(Narrative Science)和自动化洞察公司(Automated Insights),主要研发一些自动化写作软件,并通过这些软件生成财经资讯、体育资讯等类型报道。主流通讯社和媒体也尝试通过采纳算法,改造传统的新闻生产和新闻分发过程。

不同于国外,国内新闻算法领域的最早的尝试者是技术型公司。传统新闻媒体略有采纳算法技术,但其应用程度并不高。技术出身的互联网平台如今日头条、一点资讯、ZAKER,以及天天快报为代表的聚合类资讯应用迅速占领移动新闻客户端市场,成为中国新新闻生态系统中的重要行动者。传统媒体出身的四川报业集团与阿里巴巴合作推出的"封面新闻"等,也将信息的"个性化推荐"作为自己的产品亮点。

根据已有的研究文献,目前采纳算法进行新闻生产和分发的机构大致可以分为两类:一类是以技术起家的科技公司,其中包括互联网巨头和初创型技术公司。[1] 海外互联网巨头如谷歌

---

[1] 章震,周嘉琳.新闻算法研究:议题综述与本土化展望[J].新闻与写作,2017(11):18-23.

(Google)、脸谱(Facebook)、推特(Twitter)不断创新算法技术,更新个性化订阅服务,优化用户的新闻阅读体验。初创型技术公司的典型包括美国伊利诺伊州的叙事科学公司(Narrative Science)、北卡莱罗纳州的自动化洞察公司(Automated Insights),以及国内的今日头条、ZAKER等公司,这些公司主要借助技术优势进行创业。另一类是从事组织化信息生产的新闻媒体。在数字化转型背景之下,美联社、《华盛顿邮报》以及《洛杉矶时报》等通讯社和媒体通过采纳算法,再造新闻生产流程,改造新闻分发模式。

目前已有研究发现科技型公司在采纳算法的动因、过程上存在较大差异。具体而言,科技型公司遵循商业创业模式,追求市场效益最大化。组织内成员多数有科技背景,如程序员等。企业实行扁平化的管理架构,强调平等沟通和创新融合。商业利润是驱动其进行新闻生产和分发的首要动因。公司一方面通过满足用户的信息需求,将高流量转化为广告收益;另一方面在算法程序上保持核心技术竞争优势,利用这些优势与新闻媒体等行业进行战略入股或合作,获得更高的资本回报。因此这些公司主要提供"用户想看的"资讯,而不是"用户应该看的"资讯。[①] 由此可见,算法模型赋予个人兴趣和社交关系加高的权重指标,这样就有可能形成"信息茧房(Information Cocoons)"效应,即"公众只注意同质化群体关注的东西和自己感兴趣的资讯,久而久之就会把自身桎梏到'茧房'里",受众接触到的人们信息以及感兴趣的内容,往往是偏个人化的、娱乐类的信息。

而主流新闻媒体和通讯社原来就有完整的科层化组织机制,

---

① 章震,周嘉琳.新闻算法研究:议题综述与本土化展望[J].新闻与写作,2017(11):18-23.

长期以来形成了一套较为稳定的生产常规和价值准则。在媒介融合语境下,主流媒体通过采纳算法技术完成组织再造、创新融合以及升级转型。一方面,媒体应用算法帮助提高生产效率,完善内容生产和分发机制;另一方面,算法可以帮助记者更了解受众,迅速找到受众的兴趣点,以此来确定报道选题,更好地满足受众信息需求(表5-1)。

表5-1 科技公司和新闻媒体对算法的采纳机制

	组织模式	管理架构	发展动因	自身优势
科技公司	商业模式	扁平模式	商业利润	核心技术
新闻媒体	事业机构	科层化结构	升级转型	媒体内容

采纳算法的技术型公司与新闻媒体之间是相互合作的关系。一方面科技型公司(平台型媒体)帮助新闻媒体进行内容传播,而新闻媒体帮助平台提升热度。另一方面,科技型公司利用信息存储和数据分析的优势,可以向新闻媒体反馈用户关注的兴趣,更好地存进媒体报道。

二、国内定制化新闻(算法新闻)的发展现状及存在问题

随着算法渗透到用户的媒介消费日益加深,基于算法分发模式的定制化新闻获得了越来越多的用户。2018年工信部发布数据,我国手机用户总数已突破13亿,用手机看新闻已成为每个人的生活常态,其中一半以上的用户经常使用聚合类新闻客户端(今日头条、一点资讯、天天快报、ZAKER等)获取新闻。截至2016年10月底,今日头条已经累计有6亿激活用户,1.4亿活跃用户,每天每个用户平均使用76分钟。今日头条号称"没有采编人员,不生产内容,没有立场和价值观,运转核心是一套由代码搭建而成

的算法"。①

聚合类新闻客户端如"今日头条"等之所以火爆,主要是因为其在大数据分析的基础上采用了人工智能技术,用算法来归纳每个人看新闻时的不同习惯、爱好,给不同用户推荐不同的新闻内容。正如其广告宣传语点明"你关心的,才是头条"。今日头条的个性化推荐,真正做到了千人千面,为用户定制信息。精准的推送减轻了用户自身获取信息的注意力成本,增加了用户的黏性。用户越经常使用,应用程序就越懂得用户的心思和需求,一段时间以后,这个 App 就像为自己量身定制的"新闻秘书"。有算法驱动的定制化资讯分发暗含着这样的逻辑,"你是谁"决定了"推荐给你什么内容"。然而这一决策的指定过程是在"黑箱"中进行的。

2017 年 9 月,《人民日报》连续发文,就算法推荐问题质问今日头条,一是信息低俗化倾向严重,二是过度依赖技术导致的用户信息窄化。2018 年 1 月,今日头条再次陷入"麦克风事件"。众多网友质疑今日头条开启了手机麦克风权限收集用户声音信息,之后今日头条回应表示其技术达不到也不会去进行这样的信息收集。尽管针对种种质疑,今日头条都做出了澄清,但网友的质疑侧面表现出人们对于被自己的浏览历史、社交足迹"包裹"的恐慌。

(一)用户遭遇"信息茧房"

在网络信息传播中,因公众自身的信息需求并非全方位的,算法只关注公众自己选择的或使其迅速愉悦的信息领域,久而久之,会将用户自身桎梏于像蚕茧一般的"茧房"中。当个人长期禁锢在自己所建构的信息茧房中,久而久之,个人生活呈现出一种定式

---

① 仇筠茜,陈昌凤.黑箱:人工智能技术与新闻生产格局嬗变[J].新闻界,2018(3):28-34.

化、程序化。

信息茧房概念是由哈佛大学法学院教授、奥巴马总统的法律顾问凯斯·桑斯坦在其2006年出版的著作《信息乌托邦——众人如何生产知识》中提出的。[①] 研究表明,深陷"信息茧房"不仅对个体的自身造成危害,对社会的危害也是非常显著,会加速网络群体的极化,造成社会共识的分裂。

桑斯坦用"回音室"进一步阐释了网络时代这种"信息茧房"现象:因新技术带给了人无限过滤信息的能力,个人能依照癖好,定制消息;网络也以"协同过滤"的方式,提供消费者偏爱的信息,投其所好,自动隔离了别的意见,从而会增强网民心理的定式化与程式化。如此内闭化的信息环境,就像是"回音室",人们设定了话题、观点,听到的是自己的回音。长此以往,自己就只限制于一定范围的圈子里,听到的都是与自己相符合的声音,于是自己的认知就很难得到升级,而且容易失去理解与共情的能力。

网络信息茧房一旦形成,群体内成员与外部世界的交流就会大幅减少,群体成员拥有相近似的观点和看法,群体内同质的特征越显著,其思维方式必然会将自己的偏见认为是真理,从而拒斥其他合理性的观点引入。当人们沉浸在自我的话语场中,脱离整个社会的发展,群体分裂和人心涣散的社会现象将并行不悖,西方社会的族群敌视、文化冲突很大程度上与算法传播导致的"信息茧房"紧密相关。

(二)新闻价值导向缺失

任何新闻都是蕴含价值观的,具有价值导向作用。新闻价值

[①] 张操.算法与利益:Facebook人工智能新闻编辑的困局[J].新闻世界,2017(6):36-39.

观是指新闻用来选择和衡量新闻价值的标准。① 传统媒体时代主要由新闻编辑根据新闻价值和媒体定位来筛选稿件,新闻的筛选和排列主要基于编辑的判断。"编辑分发"模式下,新闻价值观主要体现在新闻从业人员的实践(如新闻筛选、排列、版面设计)或新闻机构的内部规范之中;而算法新闻遵从的"算法分发"模式,新闻价值观念则内嵌于代码的设计和编写之中。记者、编辑等传统把关人在进行信息筛选时所遵守的职业规范和新闻伦理并不约束算法工程师或程序员,而后者所从事的工作则深刻影响着新闻生产、分发和消费。据此,有学者提出"算法价值观"这一概念,将其界定为"算法用来自动化选择和衡量新闻价值客体的标准,这一标准往往内嵌于代码编写与设计之中"。②

尽管今日头条创始人曾声称:"媒体是有价值观的,但今日头条不是媒体,我们更关注信息的吞吐量和信息的多元化。我不能准确判断这个好还是坏,是高雅还是庸俗。"如果将信息过滤的权利全面让渡给算法,一方面确实更容易满足用户的需求,但另一方面显而易见的是也会给低俗信息提供滋长的空间,今日头条的内容低俗化问题引发了激烈的批评。今日头条算不算媒体这本身就是个问题,作为一个给新闻内容提供展示机会的平台,其本身实质已具备了媒体属性。

算法型新闻终端为了博取流量和点击率,采用新闻推送订制、基于大数据挖掘的热点主题排行,使得娱乐明星的八卦事件非常轻易地就占据了新闻头条,而非常严肃的新闻信息却难以传播。

---

① 张志安,刘杰.人工智能与新闻业:技术驱动与价值反思[J].新闻与写作,2017(11):5-11.
② 王茜.打开算法分发的"黑箱"——基于今日头条新闻推送的量化研究[J].新闻记者,2017(9).

为了"博出位、拉影响,并从中获取利益",三 XING(明星、血腥、两性)、三情(情绪、情感、情欲)等低俗现象也困扰网络。如新闻报道曝出算法编辑滋生的产业链——"做号江湖"。大批的垃圾文章是如何从写手公司源源不断地被生产出来,然后顺利通过机器平台的检验(甚至是跟平台合谋),向互联网灌注、充斥,使全民陷入娱乐的狂欢,甚至不惜侵犯他人隐私,给社会造成新的隐患和负面影响。这些假新闻和低俗信息之所以能得到迅速传播和扩散,就在于算法推送这一机制在技术上迎合了受众猎奇的阅读心理。

(三)媒体伦理面临危机

算法消灭了媒体的品牌和产业链条,使媒体成为商业流量的内容打工族。由算法来推送新闻信息,用户接触到的不是媒体,甚至会忽略作者,每篇文章通过算法"黑箱"的分发,媒体的品牌、媒体的价值观、媒体的用户群都纷纷瓦解。媒体不再有稳定的受众,不再有稳定的读者预期,不再能通过持续的议题设置、内容输出打造媒体品牌,而是只能通过标题党、低俗化议题来让每篇文章找到受众。当媒体没有品牌,也就没有自己能掌握的广告盈利模式或收费阅读模式,其产业链的延伸也无从谈起。

低俗新闻和标题党在媒体发展历史上不是什么新鲜事。大众媒体在西方诞生之初就是以"标题党"的面目登上历史舞台的,在报纸的"街头兜售年代",西方社会"人咬狗"的黄色新闻在街头泛滥成灾。此后,在精英阶层和思想界的反思下,才开始出现了严肃新闻与低俗新闻的分野,才有了媒体的职业操守,才有了严肃的媒体品牌。

但在移动媒体时代,低俗新闻死灰复燃,并有逐渐燎原之势。由于算法的流量导向和社交关系链的爆炸性传播,受众越来越关注那些 10 万$^+$ 的单篇热文。算法和机器学习成了用户的信息管家,媒体不再"直达"用户,中间横亘着一个"流量分配者",媒体与读者彻底被切断。体现媒体自己意志的版面被拆分成一条条独立的新闻,变成了机器算法随意排列组合的素材,专业媒体人彻底变成了为算法工作的内容工厂的打工族。

三、对算法"黑箱"的应对策略

算法新闻所产生的"三俗"新闻泛滥现象已经逐渐引起用户和业内人士的关注,也进入了主管部门的视野。当前形势下,一方面,要推动算法新闻等新兴媒介技术的繁荣发展;另一方面,要及时遏制低俗信息蔓延。两方面需要平衡兼顾,采取合适的规范措施。

1. 要加强媒体社会责任建设,弘扬主流价值观

作为新媒介技术之一,算法及其推动下算法新闻的出现,改变了传统新闻传播模式,既提高了内容生产者的针对性和受众意识,也节约了用户选择信息的时间成本。但是,那些沉溺于算法的平台在赚足用户点击率,获得巨大的商业成功之后,却陷入了偏执,不顾社会价值和社会利益,执迷于算法的"客观"。

对此,加强媒体社会责任建设刻不容缓。一方面,要加强算法新闻平台的社会责任意识。算法新闻平台要摒弃其长期坚持的所谓"客观""没有价值观"的错误认识,从算法、频道设置等技术层面予以改进,承担起更多的社会责任;另一方面,那些因算法新闻而改变生产方式和原则的内容生产者,也不能因耸人听闻的社会新闻容易获得点击量而只顾炮制这类新闻,不顾新闻背后的社会责任。特别是传统媒体,更要守住正确的价值取向和独立精神,使"算法"等新媒介技术更好地服务社会。

2. 加强网络内容治理,限制"三俗"内容发展

算法新闻的伦理失范,根源在于算法上的把关不严。算法新

闻是新生事物,因为出现不久,外界对其运作机理尚不完全清楚,对其潜在危险也未能及时认清,所以使这些问题一直存在。直到算法新闻因伦理失范导致的负面影响越来越大,人们才逐渐意识到这一看似积极的事物存在着诸多问题。因此,规范算法新闻伦理需要加强对算法新闻平台的治理。算法新闻平台要从平台社会责任出发,从算法上入手,解决其"算法"中的一些不良问题,并且从其页面设计、频道设置等方面对推荐内容予以规范。只有这样,算法新闻作为一种新传播技术,才能更好地发挥推动媒体转型和新闻事业发展的重任。当然在治理过程中也应注意,要避免出现"一管就死"的现象。正如有研究指出的,"硬性要求算法必须做到公正客观反而是一种过于偏执的态度,正如过度的技术怀疑论只会使技术的发展止步不前"。对于算法新闻,我们要在保证基本伦理、法律底线的基础上,鼓励其继续探索,不断发展。

3. 必须加强用户媒介素养,提升新闻辨别能力

在算法新闻的个性化推荐之下,产生了很多点击率惊人的社会新闻。这并非纯粹是因为用户喜欢看这些新闻,也非这些新闻有多高的新闻价值,而是因为满足了人类好奇心的本能。降低算法新闻带来的伦理失范,要从提高用户媒介素养入手,提高网民对新闻的辨别能力。媒介素养包括媒介使用、信息选择、媒介批评等多个层面。在算法新闻中,用户在如何正确使用方面尚有不足之处,信息选择受算法的干扰变得十分被动,而对所接收信息的辨别和批判意识又十分匮乏,必然会导致算法新闻"如鱼得水"。防止这些现象的蔓延,就要提升用户媒介素养,让其能够正确使用媒介,对所接收信息的渠道、内容都能够自主选择,防止算法新闻肆意放大社会新闻的点击量,维护整个新闻生态的良性秩序。

四、对算法分发机制的政府监管

定制化新闻的算法机制最后影响的是提供给公众消费新闻的公共产品,并不能简单的看作单纯的技术问题。移动媒体的算法机制作为新兴媒体的技术核心,正在设置当代社会的议程。算法设计程序代码多、跨越多种媒体形态(视频、音频、文字)、牵涉多种类型作者(传统媒体、大 V、个人),监管难度较大。对于算法设计的监管不能处于失序状态,在不扼杀技术创新的前提下,政府应明确向下穿透信息内容,向上穿透信息发布最终作者,同时核算作者的各类盈利模式(稿费制、分成制、广告制),建立全国统一的新闻信息算法分发的穿透式监管体制。

移动新闻分发的"穿透式监管",就是透过用户手机客户端信息"千人千面"的表面形态,看清移动新闻信息生产和分发的实质,将信息来源、手机呈现与营利模式穿透连接起来,按照"实质重于形式"的原则甄别移动新闻信息生产和分发的性质,对移动新闻信息生产作者和信息分发机构实施全流程监管。

(一) 对算法设计程序的监管

按照《互联网新闻信息服务管理规定》,互联网新闻信息服务提供者需设立总编辑,对新闻信息内容负总责。但移动新闻分发商不生产具体的新闻内容,而是将所有的新闻内容通过算法设计按需分发给用户。在这种情况下,总编辑没有能力对每个人看到的信息内容负责,负责的只能是技术部门开发的算法程序。

当一个算法进行自我学习时,它只能根据研究者输入的数据(可以是文本,也可以是图像或者视频等),提取出关键的信息,并将这些信息按照只有机器自己才能理解的方式加以归类和整理,这一过程完全不需要人类的直接参与,人类也无法加以观察和控制。我们将其称之为算法"黑箱"。

算法"黑箱"是移动媒体信息分发商的核心知识产权,无法公开。尽管如此,基于一定的技术机制,监管者还是可以对算法本身进行评分。其一,算法必须明确预期结果。新闻的社会价值利益必须置于广告商和内容发行商之上。其二,算法必须可测量。用户给出输入条件,算法必须能按预期的搜索程序获得结果。其三,目标一致性。移动新闻分发的信息必须多元,破除"信息茧房",其传递的价值观和社会主流保持一致。

(二)对新闻发布者的监管

算法设计必须分类处理用户浏览需求,杜绝推荐不良信息的现象;按照来源的合法性、权威性,对信源进行分级筛选,主要推送主流媒体发布的新闻,不能随意篡改新闻标题,特别要审慎选取公司和个人用户原创的内容。80%的流量来自20%最优质的稿件,高质量的内容才能让用户真正停留。

要建立对移动新闻信息提供源头的评分机制。可将信息分为违法源、虚假源、垃圾源、可用源、可信源、专业源、权威源。违法源为传播色情、暴力、反动、恐怖、侵权等信息;虚假源为传播假新闻、谣言等信息;垃圾源为传播八卦、低俗、标题党等信息;可用源为个人或公司自行采编等信息;可信源为知名大V或商业媒体采编的信息;专业源为专业传统媒体采编的信息;权威源为党报、党刊等主流媒体采编的信息。

对违背正确政治方向、舆论导向、价值取向的信源,算法设计必须预设惩戒措施,包括设立用户的假新闻举报功能,标记具有争议的新闻,在可能的假新闻被转发前提醒用户,对信源予以彻底封堵等。

（三）对信息资金链的监管

移动新闻信息分发涉及多种类型的作者，信息产品也可能涉及违法、侵权，在大数据分析的基础之上，可对信息的广告营利和资金流水进行金融监控，为日后的违法追责和侵权赔偿奠定证据基础。

移动新闻信息分发服务提供商要制定信息产品代码唯一的统计标准，统一产品标准、代码、信息分类、数据定义和数据格式，实现逐层识别，实现资金链全流程的监测统计。

移动新闻信息分发提供商要明确向下穿透核查最终呈现信息，按手机端呈现信息形式适用相关监管规定。穿透核查最终信息的主要目的是，识别最终信息是否违法、是否侵权，如果违法，违反了什么法律，如果侵权，侵犯了哪种知识产权。移动新闻信息分发提供商明确向上穿透核查最终作者，识别信息产品收益的最终承担者，对信息传播者、信息中介者和广告商的责任要区分明确。

第三节 交互式新闻

作为数字新闻业的一部分，数据新闻报道最重要的特点之一是交互技术的运用，并由此催生了数字化的"交互式新闻"。

一、数据新闻的交互叙事

数据显示，2013 至 2016 年的全球数据新闻奖获奖作品中，86%的作品采用了不同程度的交互手段。[1] 交互式新闻即采用交

---

[1] Heravi, B. & Ojo, A.. What makes a winning Data Story? [EB/OL]. [2018-1-2]. https://medium.com/@Bahareh/what-makes-a-winning-data-story-7090e1b1d0fc#.3fbubynuo.

互叙事完成的新闻报道。交互叙事是指运用交互技术手段进行的叙事行为。在交互叙事中,故事的情节线与用户阅读线不相重合。实际上,交互式新闻也不存在确定的情节线。

从技术角度看,交互式新闻主要基于大数据和算法,生成具有用户个人意义的叙事内容,满足用户对特定信息的获取与消费,在实现数据新闻的"功能性意义"上具有极大的优势。[①] 例如,BBC 的"社会阶层计算器"(Great British Calculator),用户通过个人数据可以查看自己的社会阶层属性,并且展开相关社会阶层的深度阅读。纽约公共广播电台的《美国中等家庭收入分布地图》(Median Income Across the US)将统计数据具体到街区,不同颜色代表不同的收入水平,用户将鼠标停留在特定的街区,还可以查看具体的数值。

数据新闻采用交互叙事的意义在于:第一,在认知层面,将大量有价值的数据用个性化的方式提供给用户,实现信息的精准化传播;第二,在态度层面,通过良好的用户体验吸引、黏连用户,借助"晕轮效应"进而实现传播意图;第三,在行为层面,通过用户的参与行为本身,深度影响用户对某一问题的看法,进而改变行为方式,实现传播的深层效果。[②]

二、交互式新闻的分类

数据新闻的交互叙事机制可以体现为两种模式:一是基于数据库的交互式新闻,二是基于游戏体验的交互式新闻。

(一)基于数据库的交互式新闻

基于数据库的新闻叙事可以让用户根据自己的信息需求和兴

---

① 张超.数据新闻的交互叙事初探[J].新闻界,2017(8):10-15.
② 张超.数据新闻的交互叙事初探[J].新闻界,2017(8):10-15.

趣倾向探索个性化内容。数据新闻基于数据库，借助交互手段，提供一个直观、形象的界面，对规模庞大的数据库进行筛选，为用户提供具有针对性的个人信息。与传统新闻重视标准化的宏观信息不同，数据库新闻通过交互叙事，将宏观信息与微观信息相互结合，为用户提供定制化服务。

全球数据新闻奖获奖作品《英国社会阶层计算器》，以社会学家领衔完成的大型社会调查为基础，提出在划分社会阶层时不仅需要关注财产收入状况（经济资本），同时也要将社会交往情况（社会资本）和休闲娱乐方式（文化资本）作为重要的分层依据，因此重新定义了对英国社会阶层进行划分的 7 个标准。在专题报道的文字部分，首先简要勾勒出 7 个社会阶层的群像。而每一个独特个体都可以通过"社会阶层计算器"的交互设计，找寻属于自己的社会阶层，提高了人们自身归属的准确性。通过完成"计算器"给出的选择题，参与者能够在一两分钟内得到分类结果，并进入相关的深度阅读。同时"计算器"将阶层测试结果呈现为可视化图形，直观标识出参与者在这三方面资本的高低情况（图 5-7）。

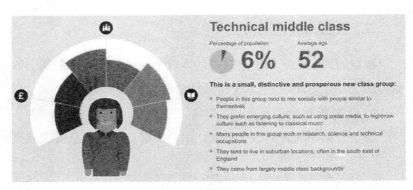

图 5-7　BBC 作品：《社会阶层计算器》

数据库新闻的交互叙事可以将新闻价值中的"接近性"发挥到极致,未来新闻不再只是假定大众都需要或关心"标准知识",而是致力于满足不同公众群体需求的知识簇。① 数据新闻借助交互叙事凸显接近性,不仅是为用户提供一种与自身确有关联的服务,还在于与用户建立一种较为牢固的"强关系"(strong ties),从而增强用户的黏性。

(二)基于游戏体验的交互式新闻

新闻游戏(News Game)是交互式新闻发展到极致的一种表现。新闻是对新近发生事实的报道。新闻游戏,简单来说就是通过游戏的形态来呈现新闻。新闻游戏用新闻学的原则去开发游戏的媒体功能,在真实事件和问题的基础上,为玩家提供基于真实事件的虚拟体验。以游戏作为新闻传播的载体,是"新闻产品化"的创新思路之一。

从心理学角度而言,游戏形式之所以为人接受甚至沉迷,本质上源于它对心理需求的满足——包括能力挑战(Competence)、自主意识(Autonomy)、与外界联结(Relatedness)的实现。② 移动传播时代,碎片化、浅层化成为日常阅读的基本特征,传统的叙事方式越来越难以吸引读者的长时间阅读。将新闻与游戏结合,借助虚拟情境的创造,引导用户代入角色,从而获得"沉浸式"体验。同时,通过在游戏中的自主选择,实现用户"定制化"信息获取,完成强交互式传播。新闻游戏极大地丰富了新闻的表现形式,帮助用户形成对新闻故事的切身体验,加深对事件背后价值的理解。

---

① 王辰瑶,喻贤璐.编辑部创新机制研究——以三份日报的"微新闻生产"为考察对象[J].新闻记者,2016(3):10-20.
② 潘亚楠.新闻游戏:概念、动因与特征[J].新闻记者,2016(9):22-28.

游戏与故事的不同在于,故事呈现的是一系列既定事实,而游戏通过分叉树来展开,允许玩家在每个分叉的地方作出判断,创造自己的故事路径。故事的读者需要依据一系列事实推断因果关系;而游戏玩家被鼓励探索各种可能性。[①] 在传统的新闻叙事中,读者/受众只是旁观者的角色,而新闻游戏可以让用户参与叙事,用角色扮演的形式,将用户"内化"为新闻当事人或利益相关者。新闻游戏的叙事快感是通过"沉浸"和"卷入"来实现的。

在新闻游戏的生产环节,记者和编辑通常将新闻事件及观点拆分为若干元件,然后对其核心内容进行提炼和转换,再以游戏为载体进行创作。例如,2017年全球数据新闻极客大赛首次以"新闻游戏"作为选题,财新团队创作的《像市长一样思考》(Think Like a Mayor)反映经济发展与环境保护之间的平衡问题。用户进入游戏模式,将角色设定为中国某一城市的市长,在"上任"期间将面临——给政府带来巨额税收的重污工厂是否该关停,产生大量废气的供暖设施如何改造,便民通行的私家车是否限行等一系列问题。伴随"市长"的每一项决策实施,空气质量、市民幸福程度和税收等指数会随之波动。游戏内容巧妙反映出中国环境污染问题背后一系列复杂的社会问题,揭示了城市发展受到多方因素的相互制约,提出将"平衡"作为现阶段最高标准的观点。

三、新闻游戏的发展动因

(一)视角的转换

在传统新闻叙事中,记者往往采用第三人称的叙事方式来保

---

① 方太平,代晓蓉.游戏设计概论[M].北京:电子工业出版社,2010:4.

证新闻的客观性。然而,新闻游戏打破了这种边界,通过程序语言设计,邀请读者来到再媒介化的新闻场景中,赋予其特定身份的"化身"(Avatar)。在游戏脚本设计中,不明确的化身类型为游戏者提供的沉浸感最弱,明确的第一人称化身类型为游戏者提供的沉浸感最强。正如马克·波斯特所言,第二媒介时代的主体建构是通过模拟化实践的互动机制来实现的。[①] 受众在新闻游戏叙事中通过与游戏文本的互动实现了从旁观者到第一人称的角色转换,通过角色扮演来深入介入和体验新闻情境。

2018年《金融时报》推出的在线互动游戏"The Uber Game"获得全球数据新闻奖"年度数据新闻应用"提名,这部作品也激发了全球各地新闻编辑室对新闻游戏模式的积极创新。为了让读者更好地理解Uber司机是一份怎样的工作,它所代表的零工经济(Gig Economy)究竟意味着什么,游戏邀请玩家以Uber司机身份从头到尾完成一周Uber全职司机的生活体验。游戏大约用时10分钟,需要点击的次数为67次。玩家通过游戏设计转换视角,以第一视角进入模拟情境,体验在有两个小孩要抚养,每周还要偿还1 000美元债务的情况下,每周需要工作多少个小时,接到多少订单才能不亏本?

游戏根据难易程度设置了两种模式,在简单模式下,你住在旧金山,有良好的信用,能够以便宜的价格租到一辆车;而在困难模式下,你因为支付不起旧金山租房的费用,住在距离萨克拉曼多(加州首府)两个小时车程的地方,信用不良(图5-8)。作为一名专业的Uber司机,除了简单的接客、开车之外,你还需

---

① 马克·波斯特.第二媒介时代[M].南京:南京大学出版社,2009:44-45.

要面对很多问题。比如 Uber 所代表的共享经济平台擅长利用奖励措施去激励司机持续工作,这会迫使你重新衡量工作和生活。根据游戏设定,在周五结束之前完成 75 个订单,可以获得额外的 180 美元的奖励。这笔诱人的奖金会让你不得不每天工作至深夜,错过朋友的生日聚会和周末陪家人的时间。同时你也不得不面临一些意想不到的风险,乘客的不满招致差评,会使你的评分变低,一旦低于 4.6 分以下,就很难接到订单。游戏中的每一个选择都可能影响最终的结果。据游戏项目负责人 Robin Kwong 介绍,"只有 15% 困难模式的玩家赚够了 1 000 美元,而在简单模式也只有三分之一的人可以达成目标",而这一游戏情境完全是按照对 Uber 司机进行采访的真实案例来设置的。

图 5-8 《金融时报》的 The Uber Game

(二)沉浸式体验

美国心理学家契克森·米哈在 1975 年首次提出"沉浸理论"

(Flow Theory)来分析情感传播与游戏化的内在关系。根据他的定义,"沉浸"是指由于某项活动具有适当的挑战性而能让人的情感深深沉浸其中,完全投入其中并完全过滤掉所有不相关的知觉,进入一种情感沉浸的状态。[①] 在游戏化的设计中,游戏玩家需要通过人机互动完成某项任务而进入到情感的沉浸状态,并获得相应的情感体验,所以游戏在本质上也是一种情感传播。新闻游戏通过场景的仿真(simulation)和游戏任务的设计,使读者进入到沉浸状态,从而唤起"共情"体验。

新闻游戏往往有着非常明确的情感唤起诉求,试图使受众能够体会到新闻故事中主人公的情绪反应。例如在《叙利亚之旅》报道中,读者不得不进行一次次艰难的选择,在每次选择中,报道同时配以图片说明,以及对新闻当事人的视频采访和动画制作,如幸存者随身携带的物品等。和普通电子游戏的输赢设计模式不同的是,许多新闻游戏并没有设置"赢"的结果,无论读者作出怎样的选择,最终面对的都是失败的结局,或者说不同的困境。

在《叙利亚之旅》的游戏叙事中,读者的身份被设定为从叙利亚逃亡到欧洲的难民,需要在每一个关键节点设计路线:选择从土耳其还是埃及进入欧洲?是否冒险出门购买生活补给?选择漫长且关卡重重的陆路,还是较短但有沉船风险的海路?如果遇到暴力抢劫怎么办?如果不交赎金,全家人可能因此丧命;

---

① 刘妍.电子游戏的情感传播研究.[D/OL].杭州:浙江大学,2014. http://kns.cnki.net/KCMS/detail/detail.aspx?dbcode=CDFD&dbname=CDFDLAST2015&filename=1014355319.nh&v=MDcyMjlEaDFUM3FUcldNMUZyQ1VSTEtmYitScEZpbmxVci9CVkYyNkdyQzlHOUxOcHBFYlBJUjhlWDFMdXhZUzc=

如果交赎金,很难继续接下来的逃亡之路……有新闻游戏设计者表示,如果用一句话来概括新闻游戏的理念,就是"因为失败,所以思考"。①

四、新闻游戏的局限与挑战

从新闻生产的角度来看,新闻游戏面临的局限和挑战主要体现在以下几个方面:

(一)题材局限性

新闻游戏在报道题材上受到诸多限制。首先,有学者提出"战争、灾难这类题材做成新闻游戏,是将他人苦难转换成体验者的游戏"。如将严肃、敏感的题材用游戏呈现,很容易招致"消费悲情"的伦理道德质疑。第二,过度的游戏化阐释与新闻专业主义精神背离。虚拟情境体验及游戏的强交互性在突显游戏本身的同时,有可能会造成新闻真实性客观性本质的弱化。第三,对暴力或犯罪事件的游戏化呈现可能会引发相当程度的示范效应,增大社会暴力犯罪的概率。在未来发展中,无论新闻的形式如何变化,最终目的都应该是信息传播价值和效应的最大化。因而,新闻游戏最终还是要回归新闻本身,将真实性作为本质属性。采用游戏形式的目的在于让更多人能设身处地了解真相。无论何时,形式都应该为内容服务,新闻游戏的终极目标在于帮助用户思考新闻事件背后的意义和价值。

(二)专业人才缺乏

媒体制作新闻游戏通常有两种做法。一是通过媒体内部的数

---

① 史安斌,钱晶晶.从客观新闻学到对话新闻学——试论西方新闻理论演进的哲学与实践基础[J].国际新闻界,2011(12):67-71.

字化团队来制作。目前看来,对媒体来说,组建这样一支专业化团队并非易事。只有发展成熟,专业化程度高,且资金雄厚的媒体如《纽约时报》、BBC、CNN等才有可能做到。一些新兴的网络新闻平台,如Rue89也在寻求通过公益基金会赞助的方式进行新闻游戏的尝试。二是委托游戏制作公司。这样的弊端除了成本问题之外,更为重要的是记者编辑和游戏编程者之间如何有效合作,新闻思维和游戏思维的对接与转化都是不可忽视的挑战。

(三)制作周期过长

网络新闻更强调时效性,热点议题的转换速度之快前所未有。而新闻游戏的制作周期较长,如《拯救海地》的报道就耗时4个月,花费2.24万欧元。当游戏制作出来以后,这一新闻实践的热度可能已经冷却了。

交互式新闻的程序叙事策略,是新闻编辑室在大数据环境下进行新闻创新的产物,它秉承了对话新闻实践的精神内核,并迎合了受众在获取信息之外的玩乐心理需求。随着虚拟现实和增强现实技术在新闻生产中的应用越来越成熟,未来二者的结合将可能为受众新闻消费带来全新的体验。

但是同时应该看到的是,作为发展中的新闻技术创新,交互式新闻自身在叙事设计和表达上仍然处于起步阶段,同时面临从线性文字到游戏化叙事的转场,技术难度与成本问题,以及程序语言预设立场等可能带来的新闻伦理问题,这在某种程度上也决定了基于游戏体验的交互式新闻或许只能成为新闻叙事的辅助策略,难以成为主流。

参考文献

[1] Carlson Matt. The Robotic Reporter: Automated Journalism and the

Redefinition of Labor, Compositional Forms, and Journalistic Authority[J]. Digital Journalism,3(3):416-431.

[2] 许向东,郭萌萌.智媒时代的新闻生产:自动化新闻的实践与思考[J].国际新闻界,2017(5):29-41.

[3] Tow Center, The Anatomy of a Robot Journalist[EB/OL].[2018-01-2].https://towcenter.org/the-anatomy-of-a-robot-journalist/.

[4] 许向东,郭萌萌.智媒时代的新闻生产:自动化新闻的实践与思考[J].国际新闻界,2017(5):29-41.

[5] 邓建国.机器人新闻:原理、风险和影响[J].新闻记者,2016(9):10-17.

[6] 张江南.大数据时代对体育传播的影响[J].武汉体育学院学报,2014(7):16-20.

[7] 孟笛.大数据时代的体育新闻报道——以《纽约时报》为例[J].中国出版,2016(11):58-61.

[8] 张睿.移动互联网时代的伦敦奥运:草根化社交化成趋势[EB/OL].[2014-01-15/2015-08-08].http://www.techweb.com.cn/internet/2012-07-30/1220001_2.shtml.

[9] 李俊.欧美机器人的"尝新"观察[J].传媒评论,2016(09):67-68.

[10] 赵禹桥.新闻写作机器人的应用及前景展望——以今日头条新闻机器人张小明(xiaomingbot)为例.人民网研究院[EB/OL].[2018-08-08].http://media.people.com.cn/n1/2017/0111/c409691-29014245.html.

[11] 张志安,刘杰.人工智能与新闻业:技术驱动与价值反思[J].新闻与写作,2017(11):5-11.

[12] 赵禹桥.新闻写作机器人的应用及前景展望——以今日头条新闻机器人张小明(xiaomingbot)为例.人民网研究院.[EB/OL].[2018-08-08].http://media.people.com.cn/n1/2017/0111/c409691-29014245.html.

[13] 章震,周嘉琳.新闻算法研究:议题综述与本土化展望[J].新闻与写

作,2017(11):18-23.

[14] 王茜.打开算法分发的"黑箱"——基于今日头条新闻推送的量化研究[J].新闻记者,2017(9):7-14.

[15] 项亮.推荐系统实践[M].北京:人民邮电出版社,2012:4.

[16] 章震,周嘉琳.新闻算法研究:议题综述与本土化展望[J].新闻与写作,2017(11):18-23.

[17] 仇筠茜,陈昌凤.黑箱:人工智能技术与新闻生产格局嬗变[J].新闻界,2018(3):28-34.

[18] 张操.算法与利益:Facebook 人工智能新闻编辑的困局[J].新闻世界,2017(6):36-39.

[19] 张志安,刘杰.人工智能与新闻业:技术驱动与价值反思[J].新闻与写作,2017(11):5-11.

[20] 王茜.打开算法分发的"黑箱"——基于今日头条新闻推送的量化研究[J].新闻记者,2017(9)

[21] Heravi, B. & Ojo, A.. What makes a winning Data Story? [EB/OL]. [2018-1-2]. https://medium.com/@Bahareh/what-makes-a-winning-data-story-7090e1b1d0fc#.3fbubynuo.

[22] 张超.数据新闻的交互叙事初探[J].新闻界,2017(8):10-15.

[23] 王辰瑶,喻贤璐.编辑部创新机制研究——以三份日报的"微新闻生产"为考察对象[J].新闻记者,2016(3):10-20.

[24] 潘亚楠.新闻游戏:概念、动因与特征[J].新闻记者,2016(9):22-28.

[25] 方太平,代晓蓉.游戏设计概论[M].北京:电子工业出版社,2010:4.

[26] 马克·波斯特.第二媒介时代[M].南京:南京大学出版社,2009:44-45.

[27] 刘妍.电子游戏的情感传播研究.[D/OL].杭州:浙江大学,2014. http://kns.cnki.net/KCMS/detail/detail.aspx?dbcode=CDFD&dbname=CDFDLAST2015&filename=1014355319.nh&v=MDcyMjlEaDFUM3FUcldNMUZyQ1VSTEtmYitScEZpbmxVci9CVk

[28] 史安斌,钱晶晶.从客观新闻学到对话新闻学——试论西方新闻理论演进的哲学与实践基础[J].国际新闻界,2011(12):67-71.

第六章
数据新闻素养建构与人才培养

数据新闻的快速崛起引发了新闻业务的一系列改变——从重构新闻生产流程到新闻编辑室重组,再到新闻从业者职能和角色的转变。大数据技术对新闻从业者的职业素养提出了新的要求,那么我国当前的数据新闻教育模式能否满足业界不断扩大的人才需求呢?

本章在厘清数据新闻素养的基础上,重点考察了国内最具代表性的4种数据新闻人才培养模式——人大模式、中传模式、港大模式、工作坊模式,并分析了当前国内数据新闻人才培养存在的问题。在此基础上,本研究以哥伦比亚大学新闻学院的数据新闻教育为标杆,探讨其教学改革的动因、路径和模式,梳理出一套数据新闻教学模式的范本,以期为我国数据新闻人才培养提供经验。

第一节 数据新闻素养建构

数据新闻生产打破了传统的新闻生产流程和叙事模式——新闻采访不再是获取信息的唯一途径,依托数据分析发现新闻价值显得更为重要；文字也不再是叙事的基本手段，可视化、全媒体的叙事方式被广泛接受，交互式、移动化的传播模式逐步占据主流。与此同时，大数据技术改变了传统媒体的经营管理模式，技术人员加入采编团队，带来了新闻编辑室文化的转向，这无疑将引发新闻编辑、记者职能和角色的转变，对数据新闻从业者的专业素养提出新的要求。

一、大数据技术对新闻采编业务的影响

（一）新闻生产流程重构

传统新闻生产往往始于新闻线索的出现，经由记者现场采访或调查验证，以文字或音频、视频等形式对新闻事件进行报道，再交由新闻编辑审核发布。而数据新闻生产截然不同，它通常始于规模庞大、枯燥凌乱的原始数据（Dirty Data），经过数据编辑和数据记者的整理分析发现蕴含其中的新闻价值，再交给技术人员和设计人员用可视化语言实现数据呈现，完成新闻故事。

"德国之声"知名记者米尔科·劳伦兹（Mirko Lorenz）认为"数据驱动新闻的本质就是一种新闻生产流程"，他在2010年阿姆斯特丹召开的第一届国际数据新闻会议上将数据新闻阐释为"通过抓取、筛选和重组，过滤掉无用信息，并通过可视化方式呈现新闻故事"的过程。其后，劳伦兹又将其生产流程具体概括为"获取数据——过滤数据——视觉化呈现——故事化传播"4个步骤。[1] 可见在数据新闻生产流程当中，数据处理的过程（包含数据获取、过滤和呈现）是其核心。

---

[1] Mirko Lorenz. Data driven journalism: What is there to learn? Edited conference documentation, based on presentations of participants, Amsterdam: 2010.

关于数据新闻的生产流程,不同学者给出了不同的模型,然而本质上都将"数据处理"视为生产流程的核心。本研究进一步提出在重视"数据处理"的基础上,将传统新闻"讲故事"的理念重新融入其中。将数据新闻的生产流程重新阐释为一个以"数据处理"为核心、以"新闻叙事"为主线纵横交织的过程。其中,"数据处理"包括"数据采集——数据清理——数据分析"3个具体步骤是数据新闻生产的纵轴;同时"数据处理"作为"新闻故事"链条上的重要环节,又与"确立主题""呈现故事"共同构成数据新闻叙事的主线(横轴)。可以说,数据新闻生产流程发端于对新闻故事的构思与策划,经过数据处理的3个重要环节,围绕新闻叙事这一主线进行,即在大数据驱动之下,通过"数据"与"叙事"的不断整合,最终完成新闻故事的呈现。

具体而言,数据新闻生产首先由新闻编辑策划选题,经过与技术人员和设计人员探讨呈现效果及制作成本,判断选题成立。随后进入数据处理环节。数据处理作为生产流程的核心,是完成新闻故事的基石,主要包括数据采集——数据清理——数据分析3步。在数据处理的基础上,由新闻编辑与设计人员协商确定可视化呈现的切入视角,进行数据呈现,完成新闻叙事。另外,数据新闻作品完成后,其传播阶段还需要特别重视网络传播。

(二)新闻编辑室组织结构改造

大数据技术下的新闻生产流程发生了显著变化,媒体组织结构也随之做出了相应调整,让技术人员加入传统的新闻编辑团队一般有两种方式。其一是建立独立的数据新闻团队,主要适用于实力雄厚、人才济济的大型传媒集团。例如《纽约时报》作为媒体数字化转型的领头羊,在过去10年间逐步建成了独立的数据新闻生产平台。早在2007年初《纽约时报》的皮霍福尔(Pilhofer,后来的"互动新闻技术部"负责人)和图片团队主管马特·埃里克森(Matt Ericson)便提议组建记者加程序员的团队,让采编人员与技术专家交叉合作,探索线上新闻的未来。同年8月,"互动新闻技术部"成立。2013年11月,《纽约时报》开始在华盛顿特区建设专门的数据新闻团队,作为连接大数据和调查性报道的纽带,在挖掘、分析大数据的基础上,对经济、政治、教育、体育等领域的新闻事件做出深度解读。到2014年4月,《纽约时报》正式成立了主打数据新闻的专业平台"The Upshot",整合新闻采编人员、数据分析专家、可视化制作团队进行独立平台运作,从数据挖掘、建模分析、可视化呈现由新闻采编平台实行独立运营,极大增强了数据新闻团队对报道主题的驾驭能力。① 这种新闻编辑室组织结构的变化必然带来相应的文化转向。新闻文化和技术文化的磨合成为新型新闻编辑室共同面临的问题。② 对此,《纽约时报》的应对策略是培训新闻记者、编辑了解基本的计算机技术应用,培训技术专家了解新闻的基本常识,通过双向培训促进两种文化的对话与交融。

大数据技术下新闻编辑室组织结构改造的第二种常见方式是建立"项目制"——通过立项的方式,临时建立"柔性小组"来完成数据新闻报道。这种临时团队的成员分属于不同部门,根据选题需要随时搭建团队,在实施数据新闻项目期间脱离本部门的日常工作,待项目完成后再重新归队。即在新的项目团队中,来自新闻编辑部门的工作人员负责选题的确定和策划,而数据获取、分析及可视化等工作则由来自数据技术部门的工作人员协作完成。财新

---

① 孟笛.美国数据新闻发展的开放与变革[J].编辑之友,2016(2):100-104.

② 陈红梅.公众参与新闻生产机器对新闻编辑能力的新要求[J].中国编辑,2016(4):83-89.

数据可视化实验室作为国内一流的数据新闻生产团队,便是这样一个虚体部门,团队共有成员十余名,分布于编辑部门、设计部门和技术部门。财新网的数据新闻报道以"项目制"方式开展,团队构成也是动态变化的,具体执行团队通常根据项目需要临时组建而成。[1] 一般而言,项目团队主要有新闻编辑/记者、技术人员、可视化设计师3类角色,在团队决策人的统筹下共同工作。在数据新闻生产过程中,编辑/记者主要负责新闻内容,技术人员负责数据处理,设计师负责图形呈现,各岗位人员即时沟通、相互协作,"项目制"比较机动灵活,有利于实现各部门资源的整合与共享。

(三)新闻从业者职能和角色转变

传统新闻编辑的职能主要体现在对新闻产品的总体设计和对新闻报道的局部策划,对记者、受众提供的新闻素材进行再认识和再创作。从新闻传播的链条看,新闻编辑的工作主要集中在新闻生产阶段,属于新闻传播的前端。导致这种状况的原因主要在于传统的新闻生产是一个相对封闭的领域,信息反馈不顺畅,反映受众收受新闻行为的数据较难获取。然而大数据技术使得抓取、分析受众行为成为可能,这使原本停留在生产阶段的编辑功能得以延伸。[2] 因此,在数据新闻生产中,把握受众群体的个性化需求成为新闻编辑的重要职能。特别是具有交互功能的数据新闻产品,其本身就是一种数据"采集器",可以实现收集受众意见,并且将它们马上转化为新闻内容的一部分,成为新闻延伸与深化的基础。[3]

---

[1] 黄志敏,张玮.数据新闻是如何出炉的——以财新数据可视化作品为例[J].新闻与写作,2016(3):86-88.

[2] 许向东.数据新闻:新闻报道新模式[M].北京:中国人民大学出版社,2017:99.

[3] 彭兰."信息是美的":大数据时代信息图表的价值及运用[J].新闻记者,2013(6):14-21.

传统新闻编辑处理的稿件,从单稿到稿群或栏目,加工处理的无非包括文字、照片或音频、视频。而数据新闻编辑需要梳理庞杂的数据,并经过整合、清理等环节,再历经可视化呈现、交互式传达等流程。这对新闻编辑而言,在以前的策划组织报道、把关编审之外,又提出了诸多新要求。编辑角色从单纯的把关者和编辑者,转变为数据信息的解读者、阐释者。因此,数据编辑必须进一步提高业务技能,借助数据工具从大量数据中分析、发现和筛选出令人关注的信息,并引导受众了解数据背后的价值审议,帮助受众理解大数据新闻在当前社会发展阶段的独特含义。大数据技术下的新闻编辑职能更多体现为对受众的精细划分和对信息的深度解读。

二、数据新闻素养建构

（一）新闻素养

1. 判断新闻价值

从新闻生产流程重构到新闻编辑室重组,大数据技术对新闻业务产生了深远影响,数据新闻从业者的素养也需要相应提升。然而,无论新闻从业人员的职能及角色如何转变,专业新闻素养是其职业工作的根本,准确判断新闻价值是一切素养的关键。

以财新数据可视化实验室为例,选题的提出一般有两种方式:一种是由数据新闻团队自主发起,另一种是由编辑部门外力推动。然而任何一种方式都不能直接确定选题,需要数据团队和编辑部门双方进一步碰撞。[①] 选题论证阶段的首要任务是证明选题成立,这种判断不仅基于新闻事实自身的各种要素,还要考虑到传播对象、媒体属性和功能,乃至传播环境、传播时机、传播政策等。在

---

① 方洁.数据新闻概论[M].北京:中国人民大学出版社,2016:49-53.

此基础上才能判断该选题的呈现效果和制作成本。

总体而言,数据新闻从业人员应当具备传统新闻采编人员同等的专业新闻素养。能够按照重要性原则,对本媒体即将刊发的新闻进行排序,对重要事件的新闻点做出罗列和陈述,对近几年或更早的主要新闻事件有认知上的积累,对新闻发生的主要区域以及领域有宏观的认识。也只有这样,数据新闻编辑才能在判断选题新闻价值时目光敏锐、胸怀全局。

2. 呈现新闻故事

数据新闻报道围绕"新闻故事"这一主线展开,新闻叙事不能完全依靠软件或编程技术,还需要采编人员具备"讲故事"的能力。可视化叙事的目标是实现受众的"悦读"和理解。让受众理解新闻事件、读懂图像故事,采编人员需要具备可视化叙事的基本功。传统新闻工作者往往更擅长文字表达,要转向视觉呈现不仅要在平时注意收集数据新闻报道的经典范例,还要对这些数据可视化呈现进行拆分重组,总结哪些情况应该用什么图形表达,并逐步摸索出自己的叙事风格。

而要进一步做到可视化叙事的赏心悦目,还需要具备一定的艺术素养。数据新闻从业者的艺术素养体现在两个方面。第一,形象化的视觉思维,能把现实中复杂、抽象的新闻要素用形象符号表现出来,并通过构图、色彩、线条等审美技巧,表现新闻要素的主次关系。第二,创意构思的想象能力,能够做到在对新闻事件所涉及的场面、人物、情节有所了解后,在脑海中构思出新闻事件发生的连续情境和特定画面。可视化叙事作为呈现新闻故事的一种方式,体现了叙事、技术与艺术的完美结合。

3. 传播新闻产品

将新闻报道视为"新闻产品",首先意味着新闻从业者应当具备受众意识,对受众的视觉心理有所把握。视觉心理是一种外界影响通过视觉器官引起的心理机理反应。当受众观看、浏览某些信息图表时,由此激发信息需求或者心理需求。① 受众为什么要看数据新闻,以及可视化呈现满足了他们的哪些需求,是数据新闻编辑应当关注的范畴。信息社会的受众已经不再满足于简单了解新闻事实,还迫切需要了解事件背后的来龙去脉。因此,数据新闻从业者需要对主体新闻在时空维度进行深度、广度、高度的挖掘。通过解释和剖析主体新闻的背景、起因、波及影响和发展趋势,让受众全面、立体、多角度地了解事件的全貌和意义。

其次是传播意识。一则数据新闻制作完成后,编辑还需要考虑该报道的传播与推广,不仅包括 PC 端和移动端传播,还包括通过微信公众号、官方微博等多种方式的社交化传播渠道。在互联网时代,"内容为王"正在向"渠道为王"转变,新闻报道不仅要考虑作品本身,还要讲究通过渠道整合与分发,扩大用户群体和影响力。数据新闻作为依托网络的新型新闻报道方式,更是对新闻编辑的网络传播能力提出了更高要求。如果时间、精力允许,应当同步制作 PC 端和移动端数据新闻产品,实现全方位网络传播。如果时间紧迫或成本有限,则可以采用移动端优先原则,例如 2017 年"两会"报道中有很多表现优秀的交互式作品仅采用了移动端报道。

(二)数据素养

1. 数据意识

数据新闻生产的基石在于数据处理,因此数据新闻从业者除

---

① 许向东.数据新闻:新闻报道新模式[M].北京:中国人民大学出版社,2017:247-258.

了需要传统新闻工作者的基本业务素养外,还需要具备数据素养。数据素养是指具有数据意识,同时具备数据基本知识与技能,能够利用数据资源发现问题、分析问题和解决问题的能力。[①] 具备数据意识是数据素养的前提。所谓数据意识也就是对数据的敏感性,是新闻从业者在生活、工作中表现出来的关注和发现相关数据的意识和兴趣,是发现数据价值的本能反应。数据意识类似新闻敏感,是新闻工作者对数据的一种直觉,是对数据的批判、反思意识。面临大数据的冲击,一些新闻工作者持有两种截然相反的态度,要么深信不疑,要么嗤之以鼻。深信者以为数据就是科学、客观;排斥者认为数据缺乏人情、枯燥。这些都是不可取的职业态度。数据新闻编辑应该正确认识数据,了解数据的特点、功能和局限;也要像对待其他信息源一样,对数据保持谨慎和清醒。数据新闻生产类似于量化研究,是科学验证和探索的实践过程。首先需要提出问题,然后围绕问题建构指标体系,进行数据分析和论证,最后得出结论并呈现结论。这个过程的每一步都需要清晰的问题意识和严谨的数据思维。

2. 数据处理能力

数据处理能力包括数据采集、数据清理和数据分析的能力,以及在此基础上对数据进行可视化呈现的能力。数据采集包括一手数据和二手数据,意味着数据新闻生产流程的开始。以财新网为例,采集数据的来源主要有 3 种:一是政府或专业调研机构的公开数据;二是媒体在新闻调查中长期积累的资源;三是第三方平台提供的数据(如"饿了么"等网络平台数据)。

---

① 许向东.数据新闻:新闻报道新模式[M].北京:中国人民大学出版社,2017:247-258.

数据处理作为生产流程的核心,是完成新闻故事的基石,主要包括3步。第一步,数据采集。根据数据量级不同,数据采集可以分为人工采集和脚本抓取两类。一般对于量级较小的数据可以采用人工采集,而规模庞杂的大数据则需要在辅助工具帮助下进行脚本抓取。第二步,数据清理。通过技术手段对数据进行格式化处理,一方面剔除无效数据,另一方面将不同格式的数据进行统一处理,以便计算机进一步识别。① 第三,数据分析。对数据进行分析是数据处理的重要部分,也是用数据讲故事的关键环节。这个环节需要找到数据中的新闻价值,并对整个分析过程做细致完全的检查。

数据新闻成为近年来新闻媒体关注和实践的热点,并不是因为数据规模的增大,而是因为我们拥有了分析数据的技术和能力,找出模式、结构并揭示趋势。但是,如果新闻从业者缺乏洞察力,那么再好的数据、再便利的处理工具也无法提升新闻产品的品质。

(三) 职业精神

1. 团队精神

团队精神就是大局意识、协作精神和服务精神的集中体现。数据新闻是大数据时代的一种新的报道样式,从目前的业界实践来看,数据新闻的生产少有单兵作战,多是团队合作的结果。在整个团队中,新闻编辑居于主导地位,数据技术人员、视觉设计人员与其密切配合。新闻编辑提出选题创作的明确要求,带领整个团队开展数据新闻报道。

---

① 黄志敏,张玮.数据新闻是如何出炉的——以财新数据可视化作品为例[J].新闻与写作,2016(3):86-88.

基于上文对数据新闻生产流程的具体解析，不难看出它与传统新闻有着明显不同。传统新闻的采编人员、排版人员、印刷人员分别处于生产线的上、中、下游，很少有直接交流。然而在数据新闻生产过程中，编辑人员、设计人员、技术人员需要随时保持沟通，因而优秀的团队协作能力成为数据新闻编辑必备的条件。这就要求数据新闻编辑不仅要有敏锐的新闻嗅觉，擅于发现选题，还要具备优秀的沟通协调能力；同时新闻编辑熟悉数据处理和图形设计的技术基础和专业术语，是与团队其他成员有效对话的基础。

2. 职业操守

数据新闻从业者进行数据处理和呈现的过程中，要始终坚持新闻专业主义所要求的职业操守和伦理原则。遵守法律是新闻伦理的底线要求。对于采集数据、清理数据和分析数据中所可能涉及的新闻侵权的隐患，要有充分的认识。

数据新闻中的侵权问题存在两种可能：一是侵犯公众隐私权。大数据时代网络上有大量的在线个人数据，这些数据有很多属于公众的个人隐私。如果违背个人意愿，对此类信息进行收集、分析和公布的行为，显然存在侵犯个人隐私的风险。二是侵犯新闻作品版权。如一些网络新闻聚合平台，其产制数据新闻的主要方式是：采集海量的新闻作品，通过机器对这些作品进行重新编辑组合和分解优化，然后定向推送给公众。在这个过程中，平台时常会刻意模糊，或通过跳转链接等方式，侵犯原新闻作品的版权。[1] 因此新闻编辑首先要自己意识到数据的局限性，并且清

---

[1] 朱鸿军.警惕数据新闻中的新闻伦理问题[J].传媒，2017(3)：34-36.

楚地告知受众，以免引导受众由此得出错误的结论。不能隐瞒获取和处理数据时发现的问题，避免成为某些利益集团的合谋者。

综合来看，数据新闻从业者应当具备以下3类素养：第一，新闻素养，包括判断新闻价值、呈现新闻故事、传播新闻产品的专业能力；第二，数据素养，主要是运用数据发现问题的意识，以及处理数据、解决问题的技术；第三，职业精神，其一是团队协作能力，由于新闻编辑在团队作业中起着重要的衔接作用，生产流程的每一个环节都离不开沟通协调，因此数据新闻编辑要统筹全局，围绕新闻故事这一主线对具体制作环节提出要求。此外，大数据背景下的新闻编辑应当始终坚持新闻专业主义对职业操守和伦理道德的要求，避免数据侵权或对公众的错误引导。

第二节　我国数据新闻人才培养模式

大数据技术对新闻从业者的职业素养提出了新的要求，为满足业界对数据新闻人才不断扩大的需求，高校和行业都开展了多种尝试。然而我国的数据新闻人才培养尚处于探索性阶段，学界与业界的尝试呈现多元化态势。当前已经开设数据新闻课程的新闻院校有中国传媒大学、清华大学、北京大学、中国人民大学、复旦大学、武汉大学、河北大学、华东师范大学等。这些院校在强化课堂教学的同时，积极与业界建立联系，加强合作，期望对数据新闻专业人才的培养能满足业界不断扩大的需求。

除了开设专业课程，中国传媒大学率先将数据新闻作为招生的专业方向之一,建立了新闻学专业(数据新闻报道方向)。另一方面,由高校主导、新闻行业基金会支持的数据新闻工作坊也是人才培养的重要路径。此外,香港、澳门等地区的数据新闻教育开始较早,形式更为灵活,强调理论与实践结合,并借助网络平台实现资源共享,扩大影响力。

一、"人大"模式:开设专业课程

作为老牌新闻名校,中国人民大学新闻学院于2015年春季开设了《数据新闻基础》课程,作为新闻学专业的选修课,针对大三学生开设。选修该课程的同学基本上已经修读过"新闻采写""新闻编辑""信息图表编辑"等专业课程,以及"SPSS基础与应用"选修课程,为学习数据新闻打下了一定基础。"数据新闻基础"以讲授数据新闻报道的基本规律和方法为主,包括基本业务理论和操作方法:什么是数据新闻,到哪里找数据,从新闻的视角看数据,新闻编辑室里的数学,如何应用数据可视化等(表6-1)。通过案例教学、课内外练习,使学生掌握并熟练运用数据新闻报道的基本技能,以适应大数据时代的新闻工作需要。

表6-1 中国人民大学新闻学院《数据新闻基础》教学大纲

章节名称	讲　授　内　容
第一章 什么是数据新闻	了解数据新闻产生的背景与意义。熟悉国内外数据新闻的发展历史和现状,熟练掌握数据新闻的基本特征及其构成要素。熟悉数据新闻的报道理念
第二章 到哪里找数据	熟练掌握信息搜索技能;了解数据的来源,能通过政府信息公开条例获取信息;熟悉如何通过社交媒体获取数据
第三章 从新闻的视角看数据	熟练掌握如何从记者的视角,对获取的数据进行新闻价值的判断;熟悉数据在不同报道中的运用,了解数据文件的不同类型,并将之导入Excel中

（续表）

章节名称	讲授内容
第四章 新闻编辑室里的教学	熟练掌握新闻业界常用的数学概念。熟悉新闻界常用的基本数据分析。熟练掌握用 Excel 删除冗余数据，对数据进行事实检查，在 Excel 中使用公式。熟悉新闻报道中经常出现的"数据陷阱"，了解如何避免错误的、不科学的数据新闻
第五章 如何应用数据可视化	熟悉不同类型报道中数据可视化的应用。熟悉数据可视化在报道中运用的准则。了解可视化工具。能根据报道类型构思、选择恰当的可视化方式。熟练掌握一般信息图表的制作

以"人大"模式为代表，许多综合类大学传统新闻院系开设的数据新闻课程内容设计比较系统，循序渐进，理论讲授占的课时量比较多，强调引导学生从记者的视角，对数据的新闻价值进行判断、审视。技能学习以课外自学为主，教师只是给出建议，不做具体要求。虽然编程写代码不在培养方案的要求范围之内，但是鼓励学生自学或搜索一些对代码可以稍加调整即可达到目的的应用软件，如 Echarts 等。

二、"中传"模式：建立专业方向

作为传媒类专业院校的中国传媒大学新闻学院是较早开展数据新闻人才培养的教育单位。2014 年，中国传媒大学新闻学院在全校选拔了 18 名来自不同专业的大三学生，组成全国首个数据新闻报道实验班，率先开展数据新闻的教学、科研与人才培养的探索。2015 年，中国传媒大学在普招的新闻学专业中正式增加了数据新闻报道方向，数据新闻成为新闻学专业的方向之一在全国展开招生。2016 年，为实现培养数据新闻专业人才的目标，教育部批准中国传媒大学新闻学专业在自主招生项目中加入了该专业方向。

在传统的新闻课程基础上,中国传媒大学为数据新闻报道方向的学生开设了数据处理、网页抓取技术、可视化技术等方面的课程,并要求学生完成数据实践项目。

中国传媒大学新闻学院之所以能够开国内数据新闻教育之先河,在许多高校还未开展数据新闻课程之前,就设立了数据新闻专业方向,很大程度上和中国传媒大学的教师跨学科的专业背景有较大的关系。中国传媒大学数据新闻报道方向的5名核心师资背景涉及应用统计、精确新闻报道、数据挖掘、社会科学研究方法、计算机报道、数据新闻报道实务等,这些方面都和数据新闻有密切联系(表6-2)。

表6-2 中国传媒大学新闻学专业(数据新闻报道方向)核心师资

教 师	研 究 方 向
刘老师	国际新闻报道、大众传播与国际关系、媒体融合、数据新闻报道实务
丁老师	应用统计、传播心理测量、抽样调查、精确新闻报道
沈老师	传播学研究方法、应用统计学和市场研究、结合分析、满意度分析、抽样设计、多变量分析、市场细分、数据挖掘
严老师	社会动力学、网络学、计算机报道
王老师	传播研究方法、传播效果研究、社会科学研究方法、基础统计学、SPSS软件应用、媒介与社会变迁

尽管如此,从专业课程设置来看,传统的新闻传播学教学依然是该专业的核心。数据新闻方向的本科生在大一、大二期间仍以学习传统新闻基础课程为主,如新闻传播史论和传统的采、写、编、评、摄等。有关数据新闻的专业课程、核心课程主要安排在大三阶段(表6-3)。专业课程分为:数据挖掘、数据可视化、统计学、交

互设计和数据实践项目5大类。另外,在和业界合作方面,中国传媒大学也拥有雄厚的业界资源,许多媒体机构都主动愿意和中国传媒大学合作,为学生提供了大量的实践机会。2015年1月,中国传媒大学联合中青网,建立数据新闻合作实习基地。2015年、2016年的"两会"期间,中国传媒大学的师生团队也向合作媒体提供了50余部数据新闻报道作品。

表6-3 中国传媒大学新闻学(数据新闻报道方向)专业培养计划(专业课程部分)

专 业 课 程	开 课 学 期
新闻理论 新闻传播学导论	大一上学期
新闻采写 新闻史 社会科学研究方法	大一下学期
全球新闻传播实务 新闻编评 基础统计学	大二上学期
新闻伦理与传媒规制 图片新闻报道	大二下学期
新闻学专业英语 网页抓取与数据处理技术 可视化软件工具与应用 传播学概论	大三上学期
新媒体理论与实践 数据新闻报道 数据实践项目	大三下学期
学术论文与写作指导 用户吐艳和交互设计 舆情分析与社会计算	大四上学期

三、工作坊模式

数据新闻工作坊是针对在校学生及媒体从业人员开设的集中式的教学培训,旨在让学员在短时间内了解并掌握数据新闻的相关知识和技能,用时通常为3至5天。主办方多为各大高校的新闻院系,诸如复旦大学、清华大学等都曾举办过数据新闻工作坊。此外也有一些工作坊受到新闻行业机构成立的基金会支持。

2013年12月及2014年4月、7月,财新公益基金会(原华媒基金会)曾举办过3期数据新闻工作坊,主题分别涉及财经、环境以及公共卫生。2015年和2016年,美国密苏里大学分别联合华南理工大学、广东外语外贸大学在广州举办了两次工作坊。2015年5月和2016年11月,复旦大学举办过两期数据新闻工作坊,招收来自业界和学界的30多名不同专业背景的学员。2016年9月,清华大学联合中美教育基金会及数据工场举办数据新闻教学工作坊。2017年2月,北京大学汇丰商学院联合数据工场及中美教育基金会举办数据新闻教学工作坊。

这些工作坊通常具有相似之处,邀请来自国外知名院校的专家教授或业界专家讲授前沿理论及操作方法,特别重视实践环节,让学员通过实操训练,在短期内加深对数据新闻生产过程的认识与理解。学员主要是来自一线的新闻从业人员、程序员、设计人员、高校教师及在校学生。工作坊模式的优势非常突出,通过经验丰富的业界大咖的亲自授课指导,集中而快速地让学员将理论学习结合到实践中去。同时,工作坊模式存在的不足之处也很明显,许多数据新闻工作坊都存在时间紧、课程量大的弊端。由于时间限制,很多工作坊只能做一个概况性的介绍,难以开展进阶学习。

四、"港大"模式：国际化与网络共享

香港大学因其历史背景和语言文化的特殊性，数据新闻教学模式与内地大学有很多不同，因而值得特别关注。香港大学的数据新闻教育开始较早，课程形式更为灵活，强调理论与实践结合，聘请海外知名专家讲授课程，更能与国际接轨，并普遍实现教学资源在网络平台的共享。

2016年4月，香港大学新闻及传媒研究中心（JMSC）携手谷歌新闻实验室，推出为期5周的全英文教学《数据新闻基础》慕课（MOOC）。课程为免费的数据新闻入门级教育，修完课程并完成作业的学员将获得由香港大学新闻及传媒研究中心颁发的结业证书。课程内容涉及数据新闻介绍、获取数据、分析和诠释数据、数据可视化、用数据讲故事等。其师资来源主要是经验丰富的学界专家和业界从业者，如，西蒙·罗杰斯（Simon Rogers）是谷歌数据编辑、数据新闻专家，马金馨是"数据新闻中文网"联合创始人、主编，魏佛兰（Francesca Valsecchi）是同济大学设计创意学院助理教授、传达设计专业研究者和设计师等。另外香港大学还有一门《信息图表和数据可视化入门》课程在慕课上免费开放，由美国迈阿密大学教授、国际知名信息可视化专家阿尔伯托·凯若（Alberto Cairo）主讲。与美国得克萨斯州大学奥斯汀分校奈特美洲新闻中心（Knight Center for Journalism in the Americas）携手合作，面向全球，旨在提升媒体从业者在数字时代的竞争力。JMSC为本课程提供了针对亚洲地区的案例定制，面向亚洲地区的学习者。

在当前内地高校数据新闻普遍教学方式单一、共享资源匮乏的情况下，"港大"模式为我们提供了经验借鉴。充分利用网络资源共享平台，有助于为媒体从业者和广大新闻学子提供更自由的

学习空间和更广泛的课程内容。积极与国际接轨、与业界互动，可以为数据新闻人才培养提供更明确的方向和更前沿的思路。

五、我国数据新闻人才培养存在的问题

（一）课程定位不明确

数据新闻是可视化技术在新闻生产中的一种运用。从短期的视角来看，数据新闻只是为新闻报道增加了一种在数据丰富的世界里分析和呈现的手段，解决不了目前的媒体困境，也不会取代其他新闻报道的位置。但从长远来看，数据新闻所蕴含的价值也不可小觑。

调查发现，由于近年来的数据新闻热，不少国内高校都开设了数据新闻或可视化相关的课程，但是这些课程普遍存在定位不明确的问题。体现在操作过程中，就出现了课程内容安排的随意性。部分高校的数据新闻课程内容中包含了数据分析的工具、软件的教学，部分高校却认为"工具只是辅助性的手段，不是学习的重点"。相比之下，国外数据新闻课程的一大特点就是每一门课程的计划都是十分清晰、明朗。而国内数据新闻课程计划的模棱两可容易导致课程的效率和效果受损。

（二）教学资源亟待整合

随着媒介融合不断深入，传统的新闻人才培养模式越来越显得不能适应传媒业发展的需求。随着业界变化，近几年我国新闻院校进行了一定程度的改革，但是总体看来，过细的专业划分，削弱了学科的相容性和开放度。数据新闻报道具有鲜明的媒介融合特征，需要的是跨学科的复合型人才，而仅凭新闻院校一己之力难以完成复合型人才的培养。媒介融合时代表面上看需要的是人才的技术适应性，实际上更需要的是人才的内容适应性，需要的是在

某个领域、某个学科有较深造诣的专才。这样的专才仅仅靠新闻传播学院的教育资源难以培养,也无法靠一般性的通识教育来完成。① 这就需要突破传统的办学模式,在跨学科联合培养方面进行探索。新闻学院可以考虑和统计、视觉设计、信息管理等学院合作办学,在学校层面整合资源,加强学院之间、专业之间的沟通融合,创新课程体系。

(三)高校师资力量不足

课程定位不明确、课程体系不完善的根本原因,在于国内高校数据新闻师资力量的匮乏。数据新闻人才培养是一个漫长的过程,优质的教师资源是一个不可或缺的条件。然而,国内新闻教育也不过是近四五年才对数据新闻有所关注。再加之传统的新闻教育以文科为主,无论是教师,还是学生,普遍对技术性知识的接收力不强。而数据新闻的实践性又要求教师必须具备足够的实践性经验。不可避免地,师资力量和教育定位的不匹配成为我国目前数据新闻教育的首要问题。大多数高校在数据新闻教育方面存在心有余而力不足的尴尬局面,能够通过知识转型和补充学习进入数据新闻领域的老师凤毛麟角,具备跨学科专业背景或是接受过系统的数据新闻训练的老师更是廖若晨星。即使是和其他高校相比,师资力量算是丰富的中国传媒大学,也仍面临"极缺师资"的问题。

要从根本上解决问题,引进业界师资是最佳途径。然而,根据高校的人事制度,新闻院校在引进业界师资时,依然要依照其他学科的进人条件,如是否有博士学位、第一学历是否是 211 院校、业

---

① 蔡雯.新闻传播教育的使命与创新:基于中国人民大学新闻学院教改实践的思考[J].青年记者,2016(1):60-61.

界资质是否能为高校所认可等，最终导致新闻院系难以引进具有丰富经验的业界导师。此外，数据新闻本身的特性导致了数据新闻的教育更多的应该以实践和练习为主。国内几乎所有高校的数据新闻课程的结课要求都是要求学生以个人或小组为单位提交一份数据新闻作品。这样的训练强度只能作为学生们的一个体验，远远达不到数据新闻的实践标准。

新闻专业人才的业务能力除了依靠长期实践，另一条捷径就是业界导师的言传身教。数据新闻本身的特性导致了数据新闻的教育更多的应该以实践和练习为主。纯学院背景的教师带出来的学生往往缺乏实战经验，一旦接触实际问题，便会发现没有任何专业优势。在业务课程的师资建设方面，美国哥伦比亚大学的做法值得国内新闻院校借鉴。哥伦比亚大学非常重视新闻业务课程教师的从业经验，教授数据新闻、计算机辅助报道的教师均来自业界，大学非常看重他们丰富的工作经验，除了课堂教学之外，这些老师还带领学生在媒体实习，帮助学生在实践汇总实实在在感受如何做新闻，如何运行媒体，并在事件中发现问题、解决问题，有针对性地提高学生的业务能力。

第三节　数据新闻人才培养的"哥大"经验

数据新闻生产整合了从统计到新闻，从编程到设计等多个专业，数据新闻报道方式的崛起，使新闻业界的人才需求发生了转变，继而催生高校新闻教育的改革。传统的新闻院系要在教学模式、课程设置、师资建设等多个方面进行改革，以应对大数据技术对新闻从业人员提出的新要求。哥伦比亚大学(下文简称"哥大")新闻学院作为世界知名的老牌新闻学院,在面对数据新闻的浪潮时,积极开展数据新闻教学,引导新闻业未来发展方向。"哥大"新闻学院的数字化改革发轫于实践,它是学界与业界、传统与变革、内容与技术、过去与未来之间的一种平衡。

本节对"哥大"新闻学院的数据新闻教学改革进行解读,梳理出一整套数据新闻教学模式的范式,以期为我国数据新闻人才培养提供经验。在数字化时代,"哥大"的数据新闻教育经验为全球新闻传播学院的教学改革提供了一个极有参考价值的标杆。以"哥大"数据新闻教育为例,探讨其教学改革的动因、路径和模式,能为我国新闻院校在新媒体生态下的生存发展提供思路,具有很高的参考价值。

一、"哥大"数据新闻教育改革的动力

(一)外部动力

1. 政治需要:美国的大数据计划

美国政府的信息计划是强动力因素。2009年开始,美国政府开始向公众公开大量的资料库。2012年3月29日,奥巴马政府宣布立即启动"大数据发展和研究计划",计划投资2亿美元来促进收集、分析和共享数据。①

2. 行业需求:成为三大方向之一

数据新闻日益成为行业主流。继2007年《纽约时报》网站开展交互新闻后,2009年,英国《卫报》网站开设"数据商店"(data

---

① 数据新闻角逐.中西差异何在? 南都网.[EB/OL].[2018-8-1]. http://news.nandu.com/html/201406/30/1030439.html.

store)版块,下分"大数据""数据新闻""数据博客"等细分频道。2014年春天,《纽约时报》推出了新栏目"The Upshot",主推数据新闻。2014年秋天,《卫报》宣布数据新闻成为三大方向之一。强调实践与新闻实务的"哥大"新闻学院,受行业需求驱动而推行数据新闻教育改革。

3. 经济动力:20亿美元资金支持

2012年4月30日,陶氏基金会与奈特基金会宣布将提供20亿美元资助哥伦比亚大学新闻学院的数据新闻学研究项目。[①] 其中公共数据和新闻的透明度、数据可视化等数据新闻相关领域是资助研究的重点。"哥大"新闻学院的数据新闻改革在资金支持下正式开启。

(二)内部动力

1. 维护合法性:一封教学改革的公开信

2012年8月3日,美国关注新闻业未来的6大基金会(包括奈特基金会、麦考米克基金会、新闻伦理和卓越基金会、思科利普斯基金会、布内特家庭基金会、维恩科特基金会)公开发布了一封《致全美大学校长的公开信》,敦促美国大学校长们破除障碍,加强和加速各自学校新闻传播学院的教学改革。为维护学界自身的合法性地位,"哥大"新闻学院积极与基金会展开合作,开展教学改革。

2. 改革的先锋:学术主任比尔·格鲁斯金

比尔·格鲁斯金(Bill Grueskin)是"哥大"数据新闻的改革先锋,现任"哥大"新闻学院的学术委员会主任、新闻实践学教授。自2008年担任"哥大"新闻学院教务长以来,他见证了其从"视频—数据可

---

① 数据新闻角逐.中西差异何在? 南都网. [EB/OL]. [2018-8-1]. http://news.nandu.com/html/201406/30/1030439.html.

视化—数据新闻体系"的课程改变,曾任《华尔街日报》新闻网站的在线总编辑,现任彭博执行编辑。在"哥大"新闻学院,他重视课程改革,注重技能、视频和互动新闻以及数据可视化的教学。2011年,他参与撰写了《最新报道:数字新闻业的现状》;推出了当时属于首创的数字新闻课程,如《平板电脑新闻写作》和《格式、协议和算法:新闻计算学入门》等;从2013年秋季开始,新闻学院彻底取消其理学硕士项目采用的基于媒介(报纸、杂志、广播、新媒体)的课程和教学组织方式,以体现新闻业界多媒体融合的趋势。①

二、数据新闻人才培养的"哥大"模式

1935年,"哥大"新闻学院成为美国唯一一所授予新闻硕士学位的新闻学院,而且课程进一步强化学生的实务能力。当时的课程教学简单而直接:白天挖掘新闻,晚上回新闻编辑室,师生讨论交流,写稿、编稿直到深夜。这种新闻教学模式也就是一直延续至今的理学硕士项目。其教学模式确立了美国新闻学教育的实践取向和培养模式。我们考察"哥大"新闻学院过去一百年的演变,会发现它一直是静水流深,"所有的变革都是缓慢的",似乎直到2013年才变得显著,而实则这种变化源远流长。

"哥大"新闻学院的数据新闻教育主要设定在硕士层次,具体落实到两个硕士学位项目,即数据新闻理学硕士(M. S. specialization in data journalism)项目和新闻—计算机科学双硕士(M.S. Journalism/Computer Science dual degree)项目。其模式简要概括为:传统优势新闻课程+计算机课程。

---

① 邓建国.传统与变革——数字时代老牌新闻学院的变与不变[J].新闻大学,2014(6):109-115.

（一）理学硕士项目(M.S. Program)

理学硕士(Master of Science)最早开始于1935年，是"哥大"新闻学院历史最悠久、最重要的和最基础性的项目。其运作方式更像一个记者训练营，以实战为主，由业界师资个性化、针对性地高强度训练学生。理学硕士学位课程旨在培养学生批判性思考新闻事实的能力。学生需要完成4项必修课程和选修课程(表6-4)。

表6-4 2017.01 理学硕士课程设置

必修课程				选修课程（任选一项）
数据新闻报道课程	短期课程	模块课程	研讨会	
1.（4周）数据新闻实操课程 2.（7周）新闻采访写作	1. 法律 2. 商业 3. 新闻伦理 4. 新闻史	1. 文字 2. 图像、声音、视频、数据可视化 3. 受众与数据新闻	1. 国家事务报告 2. 数据新闻可视化	1. 数据新闻 2. 调查性新闻中心 3. 纪录片

可以看出，新闻报道课程让学生通过7周新闻采访写作掌握新闻基础知识；4周的数据新闻实操课程让学生紧随数据新闻的发展；短期课程丰富学生其他专业知识，适应当今跨学科研究的趋势；模块课程允许学生在毕业前选择一个模块进行学习，其中有涵括提高学习数据新闻可视化制作水准和能力的模块；研讨会则是加入新闻数据可视化内容的交流，培养学生的数据新闻思维；选修课程依据学生实际情况，培养目标明确、方向清晰的数据新闻人才。[①]

在选修课程数据新闻方向学习中，学生接受专业的数据训练，

---

① 陈积银，杨廉."哥大"新闻学院数据新闻教学的解读与借鉴[J].新闻大学，2016(5)：126-133.

并利用相关技术制作数据新闻。主要以4个步骤完成专业化数据新闻方向的学习[①]：

第一，数据挖掘：通过数据挖掘寻找数据新闻线索及来源。

第二，数据报告：进行为期10周的报告。从获得基础数据来源开始，进行数据检索，与此同时，批判地思考数据的准确性。其后用7周的时间与其他学生互动交流，对自己挖掘的数据进行深入分析。

第三，文字补充：对数据进行文字补充。结合定性和定量的观察分析，对新闻基本信息部分加以文字描述。

第四，数据+故事：将复杂的数据问题进行深入分析，并完成数据新闻的可视化呈现，最终制作数据新闻，实现用数据讲故事。

在数据新闻理学硕士项目中，学生除了修读新闻学院的传统课程之外，还要修读进阶式的数据和计算课程，以及为期15周的高强度新闻与计算工作坊（表6-5）。

表6-5 数据新闻理学硕士项目课程设置

基础课程	Data I（基础）、Data II（高级）、新闻学院硕士基础课程、数据相关专业课程
选修课程	新闻与计算工作坊

在基础课程中，Data I 主要教会学生如何使用基本的数据处理方法，如何获得、清理和载入各种常见数据，并据此提出有价值的问题，然后以简洁明了的方式实现数据分析和发现的初步可视化。Data II 进一步教会学生使用寻找、获得、操作和发表数据的工具（如 API、各种数据库等），学习数据推断、利用数据模式讲故事，以及高级的可视化工具。

---

① M.S. Data Specialization [EB/OL]. [2018-8-1]. https://journalism.columbia.edu/ms-data-specialization.

在新闻学院的传统硕士基础课程中,突出了调查报道的重要性,同时将其置于数据新闻背景下,教授学生如何搜集和梳理公共数据、如何利用公开数据查找有关个人和公司的数据,据此进行数据分析,完成调查报道。

基于这一理念,数据新闻理学硕士项目开设了证据与推断(evidence and inference)、新闻计算(journalistic computing)、跨国数据调查(using data to investigate across borders)等课程。比如,证据与推断课程会教授学生检验假设的"新闻学方法",辨别有可能歪曲事实的报道方法,知道如何确证观点,利用统计数据进行新闻采写。①

除了基础课程,该项目在每年春季还会开设为期 15 周的新闻与计算工作坊课程,供学生选修。工作坊主要邀请数据新闻领域内的大咖作为特邀嘉宾,进行课堂教学、训练和讨论,介绍数据新闻领域的前沿动态,提升学生的实际应用能力。以 2016—2017 学年为例,该工作坊主要包括以下课程②:

第一,竞选经费报道(Campaign Finance Journalism):该课程不仅仅是简单报道候选人筹集到了多少资金,而是要挖掘个人和机构支持某个政党或候选人的动机,基于对竞选资金的分析,发现并勾勒出竞选资金的筹集模式、网络与关系,进而探讨金钱对政治的影响。

第二,国际新闻编辑部:如何报道军队和间谍(International Newsroom: How to Cover Armies and Spies):军队和情报部门

---

① Tell stories with data. [EB/OL]. [2018-8-1]. https://journalism.columbia.edu/data.
② Professional Development Data[EB/OL]. [2018-8-1]. https://journalism.columbia.edu/professional-development#Data.

向来是最具权力和保密性质的机构,因此报道军队和间谍往往需要大量的前期准备工作,以及忠于公众利益的决心。这门课程旨在教会学生如何全面理解人权、移民和环境等诸多安全议题,如何进行信息搜集,以及其中的专业难题和伦理困境。课程采用项目导入制,比如,以叙利亚战争为主题,学生可以利用公共档案、卫星影像、用户生成内容(UGC)和秘密信息源等数据新闻报道方式,以小组协同方式完成报道项目。

第三,跨国数据调查报道(Using Data to Investigate Across Borders):该课程教授学生运用全球化思维模式来报道日益全球化的有组织犯罪、腐败、人口贩卖、贸易和环境破坏。该课程也采用项目导入制,学生分成不同的小组,以某一全球性事件为主题,通过寻找全球性数据并加以处理和分析,与纽约之外甚至国外的记者和信息源合作,采用社会网络挖掘等方式对报道对象进行背景调查,完成报道。

(二)新闻—计算机科学硕士双学位项目(Master of Science Degree in Journalism and Computer Science)

新闻—计算机科学双硕士项目由新闻学院和"哥大"傅氏基金工程与应用科学学院联合培养,学习周期为2年,主要招收拥有计算机科学、数学或工程学术背景,同时拥有出色写作能力并且熟悉新闻报道的学生。[①]

2011年,"哥大"新闻学院与傅氏基金工程与应用科学学院合作开设新闻—计算机科学双硕士项目,旨在通过学院间师资和课程的合作,为学生提供在计算机支持下的新闻采访和数字媒体制作的独

---

① 北美新闻学院介绍哥大篇.数据新闻网.[EB/OL].[2018-8-1]. http://djchina.org/2014/11/01/data_journalism_columbia/.

特而高度专业化的训练。该项目不仅传授学生专业知识,还培养学生完善和建立新的新闻采集和数字媒体技术,进而重新定义我们所认识的新闻。其中,部分课程由塔尔数字新闻中心承担。

表6-6　新闻—计算机科学双硕士课程

	新闻学院	工程与应用科学学院
第一年	新闻写作与报道精要、图像、声音或调查技术课组	计算机科学课程:数据挖掘、数据库系统设计、高级软件工程、用户界面设计、计算机制图、网络安全等
第二年	图像、声音或调查技术课组、新闻制作课程	计算机科学课程:计算新闻前沿讲座、硕士毕业项目

课程包括:基本数据结构(C语言和C++编程的基本数据结构图形);应用线性回归(发展批判性思维技能和回归分析);离散数学(逻辑和证明、序列和求和、数学归纳法、二项式系数、元素的有限概率、递归关系等);计算线性代数(线性系统的解决方案、最小二乘法、特征值问题等);社会网络分析(探索R编程的统计工具、多元回归分析、统计数据结构等);大数据与Python(系统分析和可视化数据);故事与数据(利用工具如D3 JavaScript构建定制的交互式图形和可视化框架适用地图);数字行动(探索世界各地的人们如何使用数字媒体促进政治和社会原因)等,呈现计算机和新闻学科交叉的特征。

(三)LEDE项目:零基础培养新闻极客

2014年3月,"哥大"新闻学院正式宣布了这个项目,并且命名为The LEDE Program。由于"哥大"双学位项目提供的是研究生阶段的计算机课程,对于许多在计算机方面零基础或者基础薄弱却有志编程的学生来说,直接学习几乎是不可能的,于是新闻学院推出了全新项目。

内容主要涵盖数据收集、分析和呈现等方面。从表6-7中可以了解到,"哥大"新闻学院非常重视培养学生的计算机基础及数据处理。

表6-7 LEDE项目课程

		夏 季		秋 季
课程	计算机基础	熟悉数据驱动框架:介绍计算机技术和数据;编写程序和Python脚本语言;数据清洗、解析和处理;处理文本和图像	双学位方向	学习计算机—新闻学的双学位课程
	数据和数据库	发现和处理数据:学生学习利用计算机搜集、公布和访问数据		
	算法	分析数据:算法是计算机处理的核心,学习写作、发布算法和代码	普通方向	学生在数字人文、社会科学和数据叙事发展他们的技能课程
	平台研究	运用分析技能:"平台研究"主要是研究数据与技术之间的关系。学生需发挥创造性思维,理解数据、代码和算法		

夏季LEDE项目课程是以计算机编程为主,主要开设计算机基础、数据库、算法、平台研究4大课程,为数据新闻的学习打下了技术基础。秋季学生可以选择两种路线:双学位方向,结合计算机新闻学双学位课程,使学生更进一步的掌握专业数字技术;普通方向,学生可以在人文、社会科学的环境当中选择不同的数据技能学习,使学生掌握应对不同环境的数据技术。①

---

① The Lede Program [EB/OL]. [2018-8-1]. http://ledeprogram.com/courses/.

(四) 数据新闻研究中心

除了数据新闻相关的教学项目,"哥大"还建设了数据新闻研究中心。其中"托尔数据新闻中心"举世闻名,主要关注技术发展对新闻业以及新闻消费者的影响,尤其是新闻消费者如何看待新闻的标准、可信度等,围绕这些议题,中心会组织各方面人员(新闻记者、新闻组织和媒介政策制定者)进行讨论,并开发相应的教学方法和课程。①

2013 年 9 月开始,托尔数据新闻中心与"哥大"其他学院合作举办"计算与新闻"训练营,招收大学本科毕业生,培养他们基本的编程、数据库等数字应用能力,以便为新闻学院"计算机—新闻双硕士学位"发现和培养合适的生源。中心主任艾米丽·贝尔(Emily Bell)是"哥大"数字媒体专业的负责人,曾担任英国《卫报》总编 20 年,并创建《卫报》数字版 guardian.co.uk,已获得多项奖项。

此外,"哥大"布朗媒体创新中心也进行数据新闻相关的研究。该研究中心成立于 2012 年"哥大"建院 100 周年之际,资金来源于《大都会》时尚杂志前编辑海伦·格利·布朗(Helen Gurley Brown)的 1 800 万美元捐赠,为斯坦福工程学院和"哥大"新闻学院合办。② 该研究中心"哥大"方的主任为马克·汉森(Mark Hansen),其具有统计学硕士和博士学位,曾长期担任 UCLA 教授,且曾在 Bell 实验室工作,拥有 8 项专利,还在《纽约时报》研发部任职,在数据新闻方面有着丰富的理论研究和实践经验。③ 他

---

① Tow Center for digital journalism[EB/OL]. [2018-8-1]. http://towcenter.org/.
② Brown Institute[EB/OL]. [2018-8-1]. http://brown.columbia.edu/.
③ Mark Hansen[EB/OL]. [2018-8-1]. https://journalism.columbia.edu/faculty/mark-hansen.

主要提供教师和资金,孵化有利于未来新闻业的各种技术创新。

三、数据新闻人才培养的哥大启示

在界定新时代数据新闻到底需要具备哪些技能的人才时,"哥大"给予了我们一个较为合理的答案。托尔数据新闻研究中心发布《后工业时代的新闻》报告,提出后工业时代记者应该具备3项软技能和6项硬技能,其中这6项硬技能为:第一,具备专业知识,成为专家型记者;第二,熟悉数据和统计知识;第三,了解用户分析数据,更好地理解受众;第四,熟悉基本编程知识;第五,会讲故事;第六,懂项目管理。由此看出,数据新闻学是一门非常典型的交叉性学科。

美国的新闻教育有着较强的培养业务实践能力和新闻职业化的传统。在"哥大"新闻学院推出的新闻—计算机硕士双学位项目中,基础工程和应用科学学院负责技术培训,旨在帮助学生掌握把原始数据合成到相关内容中的技能。略有理论色彩的计算新闻研讨课,其讨论的话题也多涉及技术领域:信息推荐系统、数据过滤、统计分析的原则,网络分析及其在新闻调查中的应用,可视化技术和可视化的认知效果等。[①] 该学院的数据新闻硕士项目要求学生了解如何采集和清理数据,掌握编程语言和数据分析工具,体现出很强的实践特色。

相比较而言,目前我国大部分高校的新闻与传播学院还是以培养传统的新闻人才为主,对于专业的数据新闻人才的培养缺乏必要的准备。从教学内容上来看,国内院校数据新闻教学

---

① Journalism & Computer Science:Explore the Frontiers of Journalism with Cutting-edge Tools and Technologies[EB/OL].[2018 - 8 - 1].http://journalism.columbia.edu/journalism-computer-science.

尚处于起步阶段，课程时间上应尽量保证充裕，课程内容保证学生可以系统地学习数据新闻制作。在大数据时代，数理统计、计算机编程等理工类课程也应纳入到数据新闻教育课程体系中来。因此，在数据基础入门后，教学重点应聚焦数据挖掘、数据分析处理、数据可视化等数据新闻技术的培养方面，强化学生数据新闻的实践能力。

从教学策略上看，首先，可以创办数据新闻实验班，召集优秀学生制作高质量的数据新闻作品，并为研究数据新闻的发展与技术提供必要支持。第二，推出计算机新闻双学位，真正做到学科融合，为学习数据新闻奠定基础。第三，承接业界数据新闻项目，开设数据新闻培训班，使传统新闻从业者掌握制作数据新闻的流程，将数据新闻培训班打造成实践教学、技能培训的重要基地；在技术手段上，将互联网等新媒体技术融入数据新闻的教学过程中，为数据新闻教学提供前沿技术保障。在数字化网络环境下，采用慕课方式教学，为数据新闻教学提供新的平台。挖掘每个学生的优势，打造学生团队，保证数据新闻生产顺利进行。

就师资队伍而言，还需要强化建设，特别是加强学界与业界合作。就目前而言，业界数据新闻发展领先于学界数据新闻教学，院校聘请业界数据新闻专家为师生开展专业培训，并聘用其成为院校兼职教师，让学生掌握制作数据新闻核心技术及制作数据新闻的经验，为教学提供与时代发展接轨的优质资源。其次，打破学科界限显得非常必要。数据新闻属于文理融合学科的范畴，因此新闻传媒专业应当积极与计算机科学、艺术设计学等专业的教师合作。可以初步采用团队教学，通过数据新闻制作流程的学习，使其他专业教师成为数据新闻专家，并聘用成为数据新闻方向的师资精英，形成属于数据新闻专业的师资队伍。

参考文献

[1] Mirko Lorenz. Data driven journalism: What is there to learn? Edited conference documentation, based on presentations of participants, Amsterdam: 2010.

[2] 孟笛.美国数据新闻发展的开放与变革[J].编辑之友,2016(2):100-104.

[3] 陈红梅.公众参与新闻生产机器对新闻编辑能力的新要求[J].中国编辑,2016(4):83-89.

[4] 黄志敏,张玮.数据新闻是如何出炉的——以财新数据可视化作品为例[J].新闻与写作,2016(3):86-88.

[5] 许向东.数据新闻:新闻报道新模式[M].北京:中国人民大学出版社,2017:99.

[6] 彭兰."信息是美的":大数据时代信息图表的价值及运用[J].新闻记者,2013(6):14-21.

[7] 方洁.数据新闻概论[M].北京:中国人民大学出版社,2016:49-53.

[8] 许向东.数据新闻:新闻报道新模式[M].北京:中国人民大学出版社,2017:247-258.

[9] 朱鸿军.警惕数据新闻中的新闻伦理问题[J].传媒,2017(3):34-36.

[10] 蔡雯.新闻传播教育的使命与创新:基于中国人民大学新闻学院教改实践的思考[J].青年记者,2016(1):60-61.

[11] 数据新闻角逐.中西差异何在?南都网.[EB/OL].[2018-8-1]. http://news.nandu.com/html/201406/30/1030439.html.

[12] 邓建国.传统与变革——数字时代老牌新闻学院的变与不变[J].新闻大学,2014(6):109-115.

[13] 陈积银,杨廉.哥大新闻学院数据新闻教学的解读与借鉴[J].新闻大学,2016(5):126-133.

[14] M.S. Data Specialization [EB/OL]. [2018-8-1]. https://journalism.columbia.edu/ms-data-specialization.

[15] Tell stories with data.[EB/OL].[2018-8-1]. https://journalism.columbia.edu/data.

[16] Professional Development Data[EB/OL].[2018-8-1]. https://journalism.columbia.edu/professional-development#Data.

[17] 北美新闻学院介绍哥大篇. 数据新闻网.[EB/OL].[2018-8-1]. http://djchina.org/2014/11/01/data_journalism_columbia/.

[18] 第二届高校数据新闻报道比赛结果揭晓.[EB/OL].[2018-8-1]. http://djchina.org/2016/05/02/2016datajournalismcompetition/.

[19] The Lede Program[EB/OL].[2018-8-1]. http://ledeprogram.com/courses/.

[20] Tow Center for digital journalism[EB/OL].[2018-8-1]. http://towcenter.org/.

[21] Brown Institute[EB/OL].[2018-8-1].http://brown.columbia.edu/.

[22] Mark Hansen[EB/OL].[2018-8-1].https://journalism.columbia.edu/faculty/mark-hansen.

[23] Journalism & Computer Science: Explore the Frontiers of Journalism with Cutting-edge Tools and Technologies[EB/OL].[2018-8-1]. http://journalism.columbia.edu//journalism-computer-science.